KUAXUEKE BOSHISHENG PEIYANG ZHILIANG

PINGJIA ZHIBIAO TIXI YANJIU

跨学科博士生培养质量
评价指标体系研究

薛子帅　著

西南财经大学出版社

四川·成都

图书在版编目(CIP)数据

跨学科博士生培养质量评价指标体系研究/薛子帅著.—成都:西南财经大学
出版社,2021.11
ISBN 978-7-5504-4978-7

Ⅰ.①跨…　Ⅱ.①薛…　Ⅲ.①博士生—研究生教育—培养模式—研究
Ⅳ.①G643.7

中国版本图书馆 CIP 数据核字(2021)第 143269 号

跨学科博士生培养质量评价指标体系研究

薛子帅　著

策划编辑:李邓超
责任编辑:林　伶
助理编辑:李　琼
责任校对:廖　韧
封面设计:墨创文化
责任印制:朱曼丽

出版发行	西南财经大学出版社(四川省成都市光华村街55号)
网　　址	http://cbs.swufe.edu.cn
电子邮件	bookcj@ swufe.edu.cn
邮政编码	610074
电　　话	028-87353785
照　　排	四川胜翔数码印务设计有限公司
印　　刷	郫县犀浦印刷厂
成品尺寸	170mm×240mm
印　　张	12.25
字　　数	227 千字
版　　次	2021 年 11 月第 1 版
印　　次	2021 年 11 月第 1 次印刷
书　　号	ISBN 978-7-5504-4978-7
定　　价	78.00 元

前言

　　培养拔尖创新人才是"双一流"建设需要重点突破的关键环节。博士生作为拔尖创新人才的最顶端，其培养质量反映了一所大学乃至一个国家人才培养的高度和水平。在"双一流"建设背景下，博士生培养更加强调培养其创新思维和批判性思维，而依托跨学科培养博士生已经成为产出高水平创新成果、培养拔尖创新人才的重要途径。

　　对博士生培养质量观进行研究是对其展开评价的重要基础。依据博士生培养质量评价标准的不同，本书将博士生教育发展至今涌现出的质量观归纳为基于知识贡献的博士生培养质量观、基于学术训练的博士生培养质量观、基于社会化理论的博士生培养质量观、基于效益的博士生培养质量观、基于改善学习的博士生培养质量观和基于利益相关者理论的博士生培养质量观。质量观的历史演进，除受到外在的经济社会因素影响外，还反映了不同评价主体的期望与需求。

　　如同博士生培养质量评价具有学科差异和人才培养目标差异一样，对跨学科博士生培养质量进行评价仍需与其特殊的培养目标相联系，同时考虑不同学科领域的差异。理论分析发现，跨学科博士生具有"T"形知识结构、跨学科研究能力、跨学科创新能力、解决问题的能力、领导力和超学科道德，在其培养过程中需要设置与研究方向相适应的课程计划，并采取多样的科研训练方式，同时配合导师组的集体指导。不同领域的跨学科博士生培养还呈现出学科差异。人文社科领域跨学科博士生的培养偏重写作能力和教学能力，课程修习占培养体系的比重大，导师指导频率偏低，注重个人学习和与其他机构的交流；工程领域跨学科博士生的培养更加突出团队协作能力和表达沟通能力，课程固定、课程量适中，导师指导频率较高，注重团队学习和跨学科实习；医学领域跨学科博士生的培养关注表达沟通能力，对团队协作能力的要求次之，课程体系十分灵活，导师指导频率高，注重实验室轮转、定期的实验室报告和非正式的研讨会交流。

跨学科博士生培养质量评价指标需要通过二次建构来完成。以学术与职业准备并重的价值取向为导向，参考目标指标、过程指标和条件指标的评价指标体系划分，针对该评价指标体系构建面临的缺乏相关理论分析、评价标准单一和评价主要体现大学管理机构意愿的不足，本书提出基于第四代评价理论的跨学科博士生培养质量评价模式，初次建构跨学科博士生培养质量评价指标。以第四代评价理论为指导，区分出跨学科博士生培养质量评价的三类利益相关者群体，即跨学科博士生、跨学科博士生导师和跨学科行政管理人员，并发展出各利益相关者群体内部的连接性建构，再通过价值协商的方式确定评价的各项指标及其权重，最终形成相对一致的跨学科博士生培养质量评价指标体系——再建构。指标体系共包括4个维度指标、16个二级指标和33个三级指标。在自评的结果质量维度，下设知识掌握、跨学科创新能力、独立的跨学科研究能力、领导力和团队协作能力5个二级指标。在学术成果维度，下设人均发表核心论文数和省级以上优秀博士论文数2个二级指标。在过程质量维度，下设招生、课程修习、导师指导、科研训练和学位论文5个二级指标。在学术支持维度，下设资源的提供、激励、交流机会和经费资助4个二级指标。

本书运用该评价体系对H大学的跨学科博士生培养质量进行了评价，结果显示，H大学跨学科博士生培养质量整体情况良好，学术成果最优、结果质量自评良好，而过程质量和学术支持质量相对较弱。

本书将我国高校开展跨学科博士生培养的实际情况与案例研究相结合，发现跨学科博士生培养存在以下问题：跨学科研究项目并不完全涉及跨学科有效的整合、有效的跨学科博士生培养体系仍未建立、跨学科博士生培养的学术支持有所欠缺。这可能是培养单位缺乏清晰的跨学科博士生培养理念、对跨学科博士生培养重视不足、跨学科博士生培养所需的相关资源仍然受到学科体制的限制导致的。只有形成清晰的跨学科博士生培养理念、建立完整有效的跨学科博士生培养体系、高度重视跨学科博士生的培养并为其集结各方资源提供支持、搭建学术交流的平台、建立跨学科博士生培养的质量保障机制，才能进一步提高跨学科博士生培养质量。

本书的出版获得西南民族大学中央高校基本科研业务费项目的支持（编号：2017SZYQN39；2021SYB10），特此致谢！

薛子帅

2021年4月28日

目　录

1 绪论

1.1 研究缘起

博士生培养及其学位授予最初只是作为中世纪大学对教师职业的资格认定，伴随着社会进步以及知识弥散性时代的到来，越来越多的博士毕业生开始跳出大学教师的框框，在学术界之外谋求职位，其社会价值得到凸显。这也促使博士生培养的目标和过程从单一的学科守门人向培养各行各业的精英转变，博士生培养质量备受关注。跨学科博士生培养是近年来博士生教育改革和发展的重要趋势，在"双一流"建设背景下，跨学科博士生培养质量问题不仅是学界探讨的热点，更是实践的需要。对跨学科博士生培养质量评价展开研究，具有十分重要的价值和意义。

1.1.1 跨学科培养博士生已成为拔尖创新人才培育的重要内容

自 20 世纪中期以来，学科在出现不断分化的同时也呈现出综合的新特点。学科之间的界限越来越模糊，一大批交叉学科、边缘学科得以涌现，标志着现代学科发展已进入高度综合阶段。传统学科相互交叉、融合，由此所形成的交叉学科为新的科学发现技术发明提供土壤，不仅许多重大发现出现在交叉学科领域，当前许多重大问题的解决也无不依托各学科领域研究者们的共同合作。因而，培育一批具有跨学科知识背景、跨学科研究方法和跨学科合作精神的研究者必须具有前瞻性。博士是教育系统中的最高学位，博士生培养一直是培育拔尖创新人才的主要渠道，探索跨学科博士生培养的相关问题，是对当前科技发展新趋势的最好回应。

开展跨学科博士生培养、建立与之相适应的培养机制，是培育拔尖创新人才的重要途径，也是我国建设创新型国家、实现中华民族伟大复兴的历史要求，是对当前教育改革的殷切期望。鉴于交叉学科往往处于学科前沿，而拔尖创新人才也主要出现在交叉学科领域，发展交叉学科、培养跨学科高质量人才已成为世界一流大学的发展趋势。美国、英国、德国、日本等国家的研究型大学都先后通过建立跨学科研究中心、建立跨学科实验室、由专业群组成流动研究生教育体系等方式培养跨学科研究生。将交叉学科作为培养拔尖创新人才的主要平台，也是我国实施人才强国战略的有效途径之一。

1.1.2 我国跨学科博士生培养的尝试仍然面临许多问题

跨学科博士生培养已经成为博士生培养的一个重要组成部分，且常常指向那些最顶尖的博士生。我国的博士生教育也顺应这一趋势，一些研究型大学纷纷开始探索跨学科博士生培养的模式，如北京大学于 2000 年成立了横跨生物医学、生命科学和社会科学的"生物医学跨学科研究中心"，并于隔年开展跨学科博士生的培养。浙江大学组建了"跨学科社会科学研究中心""光通信交叉研究中心""脑与智能科学研究中心"等，并以此作为跨学科博士生培养的学术平台，探索跨学科博士生的培养。华中科技大学于 2007 年成立创新研究院，为交叉学科研究、跨学科博士生的培养和科技成果转化提供组织保障。武汉大学于 2011 年启动建设跨学科拔尖创新人才培养实验区，依托国家级跨学科项目，制订学科交叉培养计划，尝试跨学科博士生的培养。这些跨学科博士生培养的实践在跨学科博士生人才培养计划、资源共享和资助等方面都积累了一定的经验，同时也面临着一些问题，主要表现在：

（1）尚未形成清晰的跨学科博士生培养理念。学校对跨学科博士生区别于非跨学科博士生的特点、跨学科研究能力是什么以及如何培养、跨学科博士生导师指导的协调等方面认识比较模糊。

（2）学校的组织机构和管理体制在一定程度上阻碍了跨学科博士生的培养。传统的博士生培养模式，从博士生培养的目标、培养过程、导师指导、课程学习到质量评价都是基于学科逻辑开展的，相应地，大学作为知识的组织，其管理和组织形态也遵循知识的逻辑，院系的设立、管理和对博士生的培养也以已有学科为依据，遵循的是学科逻辑。同样地，跨学科博士生的培养也需要考虑到交叉学科的特性，这必然对以传统学科划分为依据的博士生培养提出挑战，无论是观念上、制度上，还是对学术贡献的认定上都需要对其做出回应。

（3）跨学科博士生的培养缺乏组织保障。跨学科博士生的培养需要集结各相关学科的资源，包括研究资源、课程资源和导师资源，而协调好各相关学科的利益、为跨学科博士生的培养创造条件除依靠跨学科研究中心导师之间的联系和沟通外，仍然需要稳定的组织机构参与协调，为跨学科博士生的培养提供组织保障。

1.1.3 促进跨学科博士生的培养需要一套科学准确的质量评价体系

一套科学准确的跨学科博士生培养质量评价体系不仅能帮助培养机构了解现状、解决"是什么"的问题，还能够为我国跨学科博士生的培养指明方向。跨学科研究具有与传统学科研究不一样的特点，知识的新生产理论对这一点做了十分形象的描述：代表人物 Gibbons 将知识的新生产称为"mode2"，其跨学科跨领域的特性区别于建立在单一领域与学科基础上的"mode1"。"mode1"是基于传统的学科知识生产模式，强调知识生产限定在特定学科框架内，且知识生产的组织具有单一性和同质性；而"mode2"强调的是应用，因而使得超越学科框架成为可能。跨学科的特点体现为对一种统一的、超越学科的术语学或者共同方法论的详细阐述，它具有很强的问题解决导向。在质量控制方面，"mode2"对工作质量和研究团队进行评估的标准与"mode1"不同，"mode1"基本上依靠同行评议进行评价，而"mode2"的评价标准需要反映更广泛的社会构成①。新知识生产的这些特点是跨学科博士生培养的重要依据，同时还应结合跨学科研究需要的条件，从人才培养的角度探究跨学科博士生培养质量的独特内涵，并以此为基础构建跨学科博士生培养质量评价体系。

1.2 研究意义

开展跨学科博士生培养质量评价体系的研究有重大的理论意义和现实指导意义。

1.2.1 理论意义

质量评价研究不能回避对质量观的讨论，持有不同质量观做出的评价也不同。本书首先对博士生培养质量观的发展进行了梳理，并将其归纳为六种不同的质量观，在探寻不同质量观产生原因的基础上树立跨学科博士生培养质量观。本书分别从理论基础和评价实践两个方面对质量观进行了梳理，有助于深

---

① 迈克尔·吉本斯. 知识生产的新模式：当代社会科学与研究的动力学 [M].陈洪捷，沈钦，译. 北京：北京大学出版社，2011：10-27.

化对博士生培养质量观的认识。其次，对跨学科博士生培养质量评价的研究，多回避了对跨学科博士生培养本身特点的探寻，本书不仅对跨学科研究、跨学科博士生培养的特点进行了分析，还将跨学科研究与传统学科研究、跨学科博士生培养与传统博士生培养进行了比较，深化了对跨学科博士生的认识，并在此基础上对发生概率最高的医学领域跨学科博士生培养、工学领域跨学科博士生培养和社科领域跨学科博士生培养进行比较分析，发现跨学科博士生培养除具有自身特点外还存在学科类别差异。再次，本书以第四代评价理论作为理论依据，综合考虑了跨学科博士生培养质量利益相关群体的价值建构，通过价值协商达成一致跨学科博士生培养质量评价体系，并对 H 大学的跨学科博士生培养质量进行了评价，这使得跨学科博士生培养质量评价破解了利益相关方可能持有不同甚至是矛盾建构的迷思，也扩展了第四代评价理论在博士生培养质量评价中的应用。

1.2.2　现实意义

对跨学科博士生培养质量评价开展研究具有重要的现实意义：

第一，我国的跨学科博士生培养仍处于探索的初始阶段，对跨学科博士生培养质量及其评价的研究，能够帮助管理者、跨学科博士生导师和跨学科博士生思考什么是跨学科博士生、跨学科博士生培养具有哪些特点以及哪些因素对跨学科博士生培养质量具有重要影响，这有助于树立全面的跨学科博士生培养体系。第二，对跨学科博士生培养质量评价体系进行研究，可以帮助培养单位了解跨学科博士生培养质量的具体情况，即培养的跨学科博士生在知识和能力等方面到底处于何种水平，对培养质量的现状有一个整体把握，并依据评价结果为跨学科博士生培养单位提出改进的方向。

1.3　核心概念界定

对核心概念的界定是开展任何一项研究的起点。因此，本书在进行研究之前，需要对一些基本概念进行界定。

1.3.1　质量

"质量"是一个极具历史感而又常新的概念，对于"质量"的界定，不仅常常因人们理解质量的角度不同而内涵迥异，质量概念的发展和扩充还总是受到经济社会发展和科技进步的影响。在一般管理理论中，对"质量"内涵的认识往往是同具体的产品或服务联系起来的，尤其是在生产力较为低下的社会，质量普遍都是与实物产品紧密联系的，对于"质量"的理解也仅停留在要求产品符合基本的生产技术标准和规格上。随着社会的进步和经济的发展，市场的多种需求逐步凸显，"质量"不仅体现在符合生产标准上，还需要迎合市场需求。市场的竞争日益激烈，对质量形成的各环节加以管理和控制，尽力降低成本，才能提升竞争力。因而质量不仅要求满足一系列的具体标准、满足市场需求，还深入到产品生产的各个环节中，按照国际化标准组织的定义，质量是指产品、体系或者过程的一组固有的具有满足顾客和其他相关方要求的能力①。可见，质量是一个复杂的全方位的概念范畴。也就是说，质量不仅包含了"产品"本身，也涵盖了"过程"，即投入转化为输出的一系列运作，还包括了相关方的需求与期望，本书也是在这一全方位的概念范畴上使用质量概念的。

1.3.2　人才培养质量

本书对于跨学科博士生培养质量的研究，终归属于讨论人才培养质量的范畴。在概念的使用上，人才培养质量往往和教育质量混用，尽管不同学者对人才培养质量的理解各异，但归纳起来，人才培养质量大体是指以学生入学为起点，到获得学位证书这期间的质量，由于质量不仅包含了"产品"本身的规定性和产品生产的"过程"，还体现了不同相关方的需求和期望，因而人才培养质量不仅体现在学生在获得学位证书时所具备的知识、能力与素质和人才培养过程的质量保障上，还受到不同相关方需求与期望的影响，这涉及以下三个方面的内容：一是对"产品"的检测，表现为学生毕业时的知识、能力、素质是否达到了学位授予的标准；二是对"产品生产过程"的质量监测和控制，即是对人才培养各环节的质量管理和保障；三是对人才培养质量相关方需求与期望的满足。

1.3.3　跨学科博士生培养质量

本书所指的跨学科博士生培养是指依托交叉学科项目以培养跨学科博士生为目的的培养活动。跨学科博士生培养质量是跨学科博士生在攻读博士学位期

---

① BINNER H F. Quality management: The competitive factor [J]. 工业工程与管理, 1997 (4): 40-44, 60.

间的质量，是过程与状态的统一，对跨学科博士生培养质量进行评价需要解决三个方面的问题：一是跨学科博士生培养的结果质量，表现为博士生培养目标的操作化，即把"将跨学科博士生培养成怎样的人"的总体目标操作化为跨学科博士生在取得博士学位之时需要获得和发展哪些知识、能力和品质。二是跨学科博士生培养的过程质量，跨学科博士生培养的过程质量包括跨学科博士生培养各环节的质量和培养单位为了保障其质量所提供的学术支持，包括所开展的对跨学科博士生培养有利的管理活动，如为跨学科博士生提供资助、提供核心资源、创造学术交流机会等。过程的质量好坏主要体现在跨学科博士生培养的各环节和培养单位提供的学术支持是否有利于跨学科博士生培养预期结果的实现。三是跨学科博士生培养活动对跨学科博士生培养质量利益相关方的需求与期望的满足。

1.4　研究现状及评述

对博士生培养质量及其评价的研究，近年来已成为学术界与舆论关注的热点。早在1925年，美国学院协会（Association of American College）就开展了对博士点的评估。20世纪60年代以后，一股博士点评估的热潮形成了。20世纪80年代，一些关于博士教育质量的研究如高质量的研究生教育的内涵、研究生培养制度的讨论散见于探讨高等教育质量问题的专著中。而我国于1980年通过的《中华人民共和国学位条例》对博士学位授予的条件予以了规定，这为博士生的培养提供了制度性保障。20世纪90年代以后，一批探讨研究生教育质量的国外专著问世。我国也在1990年下发了《关于开展博士生培养工作调查的通知》，《博士生培养工作调查总结报告》也随后印发，由此开启了学界对于博士生质量的持续关注。

由于本书的主题是跨学科博士生培养质量评价，笔者将从博士生培养质量、博士生培养质量评价与跨学科博士生培养及其质量评价三个方面进行文献整理，以期全面把握已有的相关研究成果，为本书打下良好基础。

1.4.1　对博士生培养质量的研究

有关博士生培养质量的研究成果主要集中在博士生培养质量的内涵、博士生培养质量的现状、博士生培养质量的影响因素以及提高博士生培养质量的措施四个方面。

（1）博士生培养质量的内涵。

在博士生培养质量的标准和质量观方面，主要有两种观点：一为学术性质量观，也称为符合性质量观，即以学术标准作为质量判断的依据，这又可细分为产品质量观与过程质量观、相对质量观与绝对质量观。其中，产品质量观源于传统的欧洲模式，认为博士生教育应该强调知识的贡献，而这一贡献主要通过同行评价的方式进行，过程质量观则强调博士生教育的目的在于对学科取向的研究方法和科研能力的训练，美国模式体现了产品质量观与过程质量的综合[1]。绝对质量观认为对学生的培养在于提高学生的绝对知识，相对质量观与之相对应，认为培养质量体现在相对于学生原有知识和能力所提高的程度。二是适应性质量观，认为博士生培养质量应该体现在满足社会需要的程度上，如《中国学位与研究生教育发展战略报告（2002—2010）》，梁传杰和杨怿（2008），王慧（2005）。此外，还有多元质量观。多元质量观认为博士生培养质量的内涵是多元的，应考虑各方需求，如 Edward Holdaway 提出由于高等教育质量的内涵是多方面、多层次的，因而其质量标准不应由某一片面的标准来衡量，研究生教育质量应该由研究生教育的利益方，如学生、学术研究人员、雇主、政府等对其质量进行评价[2]。

就博士生培养质量的内容而言，归纳起来，主要包括了知识水平、科研能力、学位论文质量、思想素质、社会责任等方面。如《中华人民共和国学位条例》对于博士学位授予条件的规定为博士生培养质量的内容做出了说明，包括在本门学科上掌握坚实宽广的基础理论和系统深入的专门知识、具有独立从事科学研究的能力以及做出创造性的成果。郁延军等认为博士生培养质量应该包含博士生承担的社会责任和用人单位的岗位职责所明确或隐含需要能力的特征的总和[3]。许长青将博士生教育质量的内容分为基础专业知识、相关学科知识、外语知识、创新能力、组织协调能力、使命感与责任感、学术道德水平、科研能力、学位论文质量、学习投入程度十个方面[4]。不同群体对各项指标的重要性认识略有不同。如谢作栩、王蔚虹对五所研究型大学的博士生、博

---

① 沈文钦. 博士培养质量评价：概念、方法与视角 [J]. 北京大学教育评论，2009（2）：47-59.

② ROBERT R G. Beyond the first degree: graduate education, lifelong learning and careers [M]. Birmingham: Open University Press, 1997.

③ 郁延军，范柳萍，张慜. 我国食品学科博士生培养质量评估研究 [J]. 江南大学学报（教育科学版），2007（1）：31-34.

④ 许长青. 高校博士生教育质量满意度研究 [J]. 华中师范大学学报（人文社会科学版），2010（2）：136-145.

士生导师、毕业博士及研究生教育负责人进行问卷调查，调查发现，科研创新能力、基础和专业知识水平、学位论文质量被这四个群体所认同，博士生导师和研究生教育负责人更强调"学位论文质量"，博士生则更强调"基础和专业知识水平"和"相关学科知识水平"①。冯平等通过对天津大学在校博士生、毕业博士、博士生导师三个群体进行调查，结果显示，博士生导师和毕业博士认为创新能力、科研能力和学位论文质量是衡量博士生培养质量的重要方面，而在校博士生则认为基础和专业知识水平、科研能力和创新能力是衡量博士生培养质量的最重要因素。

（2）博士生培养质量的现状。

我国在国家层面推动了对博士培养质量现状的大样本调查。调查结果普遍显示，我国博士生培养质量总体上是有进步的，但还存在一些问题。如1990年，国家教委高等教育司要求博士生培养单位对10年来博士培养的基本情况进行总结，随后印发的《博士生培养工作调查总结报告》肯定了10年来我国博士生培养工作取得的成绩，同时也指出博士生的政治与业务质量不能完全适应社会主义建设事业的发展、博士生导师队伍的年龄结构不合理、博士生培养的物质条件有待提高、博士生培养工作的管理不够科学和规范等问题②。1996年，国家教委研究生工作办组织了关于研究生培养质量的调查，其中对博士生培养质量的调查显示，我国博士生教育起步晚、基础较差，与发达国家相比还存有较大的差距，且国内的博士生培养质量也存有地区差异。反映的问题主要有博士生的创新能力比较欠缺，知识掌握的宽度和深度还不够③。不同群体对博士生培养质量的认识也有不同，如《中国学位与研究生教育发展报告（2006）》《中国博士质量报告（2010）》。

许多学者也开展了博士生培养质量现状的调查，主要集中于对博士学位论文质量的调查上。如袁本涛等的调研发现，与5年前相比，博士生源质量基本没有提高，博士学位论文质量具有较高水平，尤其表现在全国优秀博士论文质量上，但优秀论文的分布不均且数量较少，博士生原创能力较差④。严新平等

① 谢作栩，王蔚虹. 我国研究型大学师生对博士质量要素的认识研究 [J]. 高等教育研究，2008（5）：44-49.

② 博士生培养工作调查汇总小组. 博士生培养工作调查总结 [J]. 学位与研究生教育，1992（4）：4-9.

③ 王蔚虹. 博士生培养质量研究文献综述 [J]. 理工高教研究，2008（3）：47-51.

④ 王孙禺，袁本涛，赵伟. 我国研究生教育质量状况综合调研报告 [J]. 中国高等教育，2007（9）：32-35.

的调研显示，我国博士质量总体较好，但是也存在一些问题，主要表现在文献综述、选题的理论与实际价值、研究模式和方法的规范性以及博士论文的创新性方面①。钟钢、谢赤对310篇会计学博士论文进行了分析，得出我国会计学博士培养质量总体向好，但还需在研究方法的培养以及相关交叉学科知识的学习上做出努力②。还有学者对博士生教育质量满意度进行了调查，如许长青的调研发现博士生教育质量满意度的总体水平较高，但在不同评价主体之间存在显著差异，在相关学科知识、学术道德、科研能力、学习投入程度四个方面表现出博士生导师的满意度要高于博士生，也高于博士教育管理人员，而在专业基础知识和组织协调能力方面，博士生的满意度要高于博士教育管理人员③。也有少量研究聚焦国外博士生培养质量现状，如谷志远基于美国"基于调研评估研究——博士项目"的调查数据分析了美国研究型大学博士培养质量的现状，调查结果显示，美国博士生的来源具有多样化国际化的特点、博士生的淘汰率较高、博士生培养规模普遍较小、博士生资助十分强大、导师学术水平高④。

（3）博士生培养质量的影响因素。

对博士生培养质量影响因素的探讨也是研究的热点之一，归纳起来，这些影响因素主要包括导师、生源、管理等。Timothy D. Hogan 发现教师的科研活动以及博士生的生源质量对博士生培养质量存在积极影响⑤。郭建如则认为影响博士生培养质量的主要因素包括高质量的导师队伍、研究经费的分配、研究设施与条件、生源的等级流动、科研组织方式与教师的激励制度⑥。沈通运用关键点控制管理理论分析博士生培养质量的管理，认为博士生招生、博士生导师、博士学位论文是影响博士生培养质量的重要因素⑦。于久霞等分析了影响我国高等农业院校博士生培养质量的因素，包括学科发展水平、博士生导师队

---

① 严新平，张怀民，范世东，等.高校博士培养质量提升的策略研究：基于某重点理工大学的调查与分析 [J].研究生教育研究，2011 (4)：25-31.

② 钟钢，谢赤.从两篇"百优"论文多维透视我国会计学博士生的培养质量 [J].大学教育科学，2005 (5)：84-86.

③ 许长青.高校博士生教育质量满意度研究 [J].华中师范大学学报 (人文社会科学版)，2010 (2)：136-145.

④ 谷志远.美国博士生培养质量影响因素的实证研究：基于美国 ARDP 调查数据的分析 [J].教育科学，2011 (3)：80-86.

⑤ 邢媛.研究生教育卓越质量管理研究 [D].天津：天津大学，2009.

⑥ 郭建如.我国高校博士教育扩散、博士质量分布与质量保障：制度主义视角 [J].北京大学教育评论，2009 (2)：21-46，189.

⑦ 沈通.我国博士生培养质量提升的关键点控制研究 [D].杭州：浙江大学，2005.

伍、博士生素质、管理制度、经费投入和条件建设①。张国栋通过对上海交通大学博士培养质量的调查发现，招生方式、科学研究、学位论文、导师指导对博士生培养质量具有正向影响，其中导师指导的影响最大，而学术活动、课程学习与培养质量间并无显著的正向关系②。还有学者将影响因素分为内部因素和外部因素，内部因素主要指博士生自身的努力、成就动机等因素，外部因素则包括培养制度、导师及学术支持等，如莫甲凤（2009），仝召燕（2009）。

还有一些研究着重探讨某一方面的影响因素。在影响博士生培养质量的制度因素方面，陈建平认为学术环境的急功近利、急于求成，不够科学规范的招生制度、学习年限缺乏灵活性、课程学习的要求偏低、资格考试制度的缺失、对资格论文发表的过度重视、学科专业划分的不科学、僵化的博士生导师遴选制度以及研究生院分工的不明确都是制约我国博士生培养质量的重要因素③。周应恒、耿献辉讨论了预答辩制度在博士学位论文质量监控中的作用④。殷晓丽等从新制度主义视角分析了影响我国临床医学专业博士培养质量的制度因素，并将其分为文化—认知制度、规范性制度和规制性制度⑤。

大量研究表明导师指导对博士生培养质量有正向影响。这首先体现在导师指导频率对博士生完成论文和科研产出等方面有正向影响，如德国的相关研究显示，得到导师指导频率较高的博士生完成学位论文的时间约为 3.4 年，3 个月接受一次导师指导的博士生完成学位论文的时间为 4.4 年，而一年也难接受一次导师指导的博士生完成论文需要 5.8 年⑥。陈珊、王建梁认为与导师见面越频繁的博士生得到导师在论文方面的指导就越多，也就能越早完成论文，得到更多指导的博士生在发表文章方面也更具优势，导师指导频率还对课堂报告频率有正向影响⑦。师生关系也对博士生培养质量有重要影响，如 Nettles M.

① 于久霞，向异之，刘辉.影响我国高等农业院校博士培养质量的因素及对策 [J].华中农业大学学报（社会科学版），2009（6）：141-144.
② 张国栋.博士生培养模式各要素与培养质量的关系的实证研究：以上海交通大学为例 [J].研究生教育研究，2011（2）：21-24.
③ 陈建平.制约我国博士生培养质量的若干制度因素分析 [J].高等理科教育，2008（5）：53-56.
④ 周应恒，耿献辉.预答辩制度在博士学位论文质量监控中的作用 [J].学位与研究生教育，2004（3）：38-41.
⑤ 殷晓丽，王德炳，沈文钦.影响我国临床医学专业博士培养质量的制度因素分析 [J].复旦教育论坛，2011（3）：88-92.
⑥ 符娟明，迟恩莲.国外研究生教育研究 [M].北京：人民教育出版社，1992：293.
⑦ 陈珊，王建梁.导师指导频率对博士生培养质量的影响：基于博士生视角的分析和探讨 [J].清华大学教育研究，2006（3）：61-65.

T. 和 Millett C. M. 于 2005 年对 21 所大学 11 个领域的 9 059 名博士生进行了调查，结果显示，导师对学生要求越严格，则越能提高学生毕业率以及科研成果的产出量①。

此外，博士生资助也对博士生培养质量有重要影响。彭安臣、沈红对全国 12 所大学 913 名博士生进行了调查，发现资助是有效博士生教育的必要条件，博士生的资助类型与博士生学术产出、生源吸引、学位完成时间都存有相关关系，"高水平效率主导型"资助在提高博士生培养质量方面具有明显优势②。

（4）提高博士生培养质量的措施。

关于提高博士生培养质量措施的研究，学者们主要通过理论层面、经验层面和国际比较层面来探讨博士生培养质量的改进。理论层面的探讨大多集中在博士生培养质量的制度建设方面，如薛二勇认为提高博士生培养质量的机制就是把质量文化嵌入到组织架构中，并不断评估和改进质量的过程③。更多学者从经验层面提出改进博士生培养质量的建议，包括改革培养环节、控制博士生规模、加强导师队伍建设等。如张国强（1997），李浩、李金林（2011），陈钟颀（2008），姚若河（2008）。Goldberger M. L. 等对美国为确保博士教育质量所做出的探索以及实践方面的措施进行了总结和介绍④。

还有学者从国际比较层面，即借鉴先进国家博士培养经验来讨论我国博士生培养质量的改进。如殷勤业等通过借鉴美国经验，提出我国应加大高等教育的投入，尤其是博士生培养经费的投入，对博士生的培养实行"宽进严出"，改革现有的专业和课程设置等方面的建议⑤。官建成借鉴了博士生教育较发达国家的经验，提出提高我国经济管理类博士生质量的措施，包括保障优秀博士生的基本生活、吸引优秀生源，在博士教育中引入优胜劣汰机制，控制规模、适当延长研究年限，提高经济管理学科博士论文研究国际化的程度等建议⑥。

---

① NETTLE M T, MILLETT C M. Three magic letters：getting to PH. D［M］. Baltimore：Johns Hopkins University Press, 2006：1.

② 彭安臣, 沈红. 博士生资助与博士生培养质量：基于 12 所大学问卷调查数据的实证分析［J］. 学位与研究生教育, 2012（7）：53-60.

③ 薛二勇. 论提高博士生培养质量机制的构建［J］. 教育研究, 2009（5）：88-93.

④ 转引于王昕. 美国研究生教育质量保障体系的研究［D］. 大连：大连理工大学, 2008.

⑤ 殷勤业, 张春, 陈钟欣. 借鉴美国研究生培养经验, 努力提高我国博士生的质量［J］. 学位与研究生教育, 1996（3）：10-13.

⑥ 官建成. 关于提高我国经济管理类博士生培养质量的思考［J］. 学位与研究生教育, 2006（4）：38-41.

1.4.2 对博士生培养质量评价的研究

有关博士生培养质量评价的研究，按照研究内容的不同可以将其分为博士生培养质量评价的原则、博士生培养质量评价的内容、博士生培养质量评价的指标体系和博士生培养质量评价的方法四个方面。

（1）博士生培养质量评价的原则。

在博士生培养质量评价原则方面，学者们提出了质量评价应遵循科学性原则、导向性原则、可行性原则、全面性原则等，如盛明科、唐检云（2007），刘平、吴旭舟（2011）等。还有学者认为质量评价应该体现统一性与特色性相结合的原则，如石磊认为研究生教育质量评价在保证某种统一性的基础上应该分层次、分学科、分类别制定相应的评价指标体系，体现统一性与特色性相结合的原则。在一级指标的设计上要体现对研究生教育质量方面的共同要求，而在二级指标及其下位指标的设计上则应具有针对性，体现学科特性的指标权重也应有所变化①。

（2）博士生培养质量评价的内容。

对博士生培养质量评价内容的研究呈现出从评价教师转为评价学生、从结果评价逐步转为过程评价的趋势。Allan M. Cartter 介绍了美国研究生院的质量评价工作并选取了多个研究生院的教学人员对其学术水平进行评估，最后对其质量进行了排名②。这代表了早期以评价教师作为衡量研究生教育质量主要依据的偏好。而后，基于学生的绩效评价逐渐兴起。结果评价成为学生绩效评价的主要方式，如 Gardner 认为对学生的绩效评价要依据专业的预期培养目标。随后，过程评价逐渐受到重视，如 Lovitts 认为对博士生的绩效评价是让学生在合理的时间内毕业，并对博士期间的学习经历感到满意，为博士生成长为一个有创造性的独立的学者做好充分准备。对学生的评价也从以往的关注考试成绩、毕业论文、科研成果等结果变量到逐步重视博士生在学习期间取得进步的过程变量③。

对结果变量的考察，其中属博士生学位论文质量评价的研究成果最为丰富，其内容涵盖了学位论文选题、成果的创新、论文写作规范、科研能力等。

---

① 石磊. 研究生教育质量评价与质量保障体系研究 [D]. 合肥：中国科学技术大学，2010.

② CARTTER A M. An assessment of quality in graduate education [J]. Physics Today, 1966, 19 (8)：75-76.

③ 赵立莹，张晓明. 美国博士生教育评价：演变趋势及启示 [J]. 高等工程教育研究，2009 (2)：99-102.

如我国优秀博士学位论文的评选标准包含了选题与综述，论文成果的创新性，论文体现的理论基础、专门知识及科学研究能力几个方面，并且每一项具体的评价标准都分别对社会科学类和自然科学类进行说明和阐述①。宋晓平和崔敏认为创造性成果是博士学位质量的标志，还对创造性成果评分法进行了介绍②。魏晖等提出优秀的工学博士论文应该具有论文选题属于前沿、有重要的学术价值或实际意义、有较大的创新成果、实验研究性强、论文的工作量大、论文写作规范、文笔流畅等特点③。

学界也越来越重视对博士生培养过程和环节质量评价的研究。对培养过程的分类也有不同观点：一是对攻读博士学位过程的分类，如 Estelle M. Phillips 认为对博士生培养过程进行质量评价，包括了学生的选择过程、学生从哲学硕士到哲学博士注册者的过程、过程中持续不断的质量监控过程、口试前的考试或其他准备的过程以及最终的考试过程④。二是对培养环节的分类，包括课程、导师指导、科研训练、学术支持等。如张美娇、韩映雄认为对博士生培养过程的评价应该包括课程教学、导师学术指导、学术支持三个维度⑤。Nerad M. 和 Cerny J. 自 1999 年开始进行博士培养项目的调查，对社会科学的博士学位获得者进行为期 5 年的跟踪调查，调查的内容涵盖工作情况、研究情况、进行科学研究的经验、专业发展的活动、课程的有用性与相关性、导师与博士生之间的关系等，最后建立了博士培养的评估模式⑥。

（3）博士生培养质量评价的指标体系。

有关博士生培养质量评价指标体系的研究，包括以下三类：一类是着重对过程评价指标体系进行研究，一类是着重对结果评价指标体系进行研究，还有一类指标体系的研究则涵盖了过程和结果评价两方面。博士生培养质量过程评价指标大多包含学习过程和管理过程。如张美娇、韩映雄将博士生培养过程质

---

① 刘桔，林梦泉，侯富民，等. 从首届全国优秀博士学位论文评选看我国博士学位论文质量 [J]. 学位与研究生教育，2000（2）：28-32.

② 宋晓平，崔敏. 科学、客观地评价博士学位论文成果的新举措 [J]. 学位与研究生教育，1998（1）：44-45.

③ 魏晖，陈宗基，冯秀娟. 关于工学博士生质量的分析及思考 [J]. 北京航空航天大学学报（社会科学版），2000（3）：51-54.

④ ROBERT R G. Postgraduate education and training in the social sciences: processes and products [M]. Michigan: University of Michigan Press, 1994.

⑤ 张美娇，韩映雄. 博士研究生培养质量的学科差异分析：基于学生满意度的问卷调查研究 [J]. 高教发展与评估，2011（1）：67-72.

⑥ NERAD M, CERNY J. Postdoctoral patterns, career advancement, and problems [J]. Science, 1999（3）：1533-1535.

量评价的一级指标设定为课程教学、导师指导和学术支持。课程教学指标下设课程方案的设计与实施、课程教学内容的前沿性、讨论式教学方法以及课程教学与论文撰写时间的合理性4个二级指标。在导师指导指标下，设置了9个二级指标，分别是导师学术指导时间投入、导师对学生学业评价的及时性、导师对学生学习兴趣的关注、学位论文与导师课题的关系、导师对学位论文的指导、导师对学生治学态度的影响、导师对学生科研方法与规范的影响、导师带领学生进入学科前沿、导师对学生为人处事的影响。在学术支持指标下，下设了4个二级指标，包括学术活动机会、专业文献资源、研究经费与设施、研究生教育管理制度①。对结果评价指标体系的研究，主要体现在博士生学位论文指标体系的设计上，如何明娥等根据调查提出博士学位论文的质量评价指标体系应包括论文选题、理论基础、分析论证、学术水平、应用价值、英文摘要、写作水平7个指标②。李征航等对武汉大学2004—2006年的590篇博士论文评价结果进行分析，建立了一套评价指标体系，其中一级指标包括选题与综述、论文成果、论文写作。选题与综述下设2个二级指标，分别为论文选题的理论意义或实用价值、对本学科相关领域的综述与总结；论文成果指标下设了论文在理论或方法上的创新性、工作难度及工作量2个二级指标；论文写作指标的二级指标有论文体现的理论基础与专门知识、作者独立从事科学研究的能力、论文写作与总结能力③。

在涵盖过程评价和结果评价的指标体系研究中，沈华认为博士生培养质量评价体系包括课程体系、培养环节、能力素质3个指标。其中，课程体系指标下设课程数量、课程覆盖面、课程前沿性3个子指标。培养环节指标下设完成学分、发表文章、学科综合考试、论文选题与开题、论文预答辩、论文评审答辩6个子指标；能力素质下设基础专业知识水平、相关学科知识水平、外语水平、创新能力、组织协调能力、使命感与责任感、学术道德水平以及科研能力8个子指标④。张国栋则认为博士生培养质量指标体系的一级指标包括培养基础、培养过程、培养结果。培养基础的二级指标有：生源情况，包括录取的博士生中毕业于研究生院高校的生源比和报考录取比2个三级指标；导师情况，

① 张美娇，韩映雄. 博士研究生培养质量的学科差异分析：基于学生满意度的问卷调查研究［J］. 高教发展与评估，2011（1）：67-72.

② 何明娥，刘运成，关勋强. 博士学位论文质量评价指标体系的建立与实测研究［J］. 第一军医大学学报，1998（4）：265-266.

③ 李征航，毛旭东，刘万科，等. 博士学位论文质量评价指标体系的研究［J］. 湖北经济学院学报（人文社会科学版），2006（7）：179-180，42.

④ 沈华. 博士培养质量的模糊综合评价［J］. 北京大学教育评论，2009（2）：67-74，190.

包括生均博士生导师数和知名博导所占比例；科研条件，包括重点学科、重点实验室、人文社科基地数等。培养过程的二级指标有：课程学习，下设英语考试平均成绩、博士生对课程内容的评价；学术活动，下设联合培养和国外留学人数的比例、去国外参加学术活动的比例、博士生对参与最有价值课题的评价、博士生对学术活动的评价；导师指导，包括博士生对导师的指导效果的评价和对导师学术地位的评价。培养结果包括：发表论文，下设毕业博士生人均第一作者发表论文数、毕业博士生人均第一作者发表高于本学科平均影响因子的论文数、博士生对发表最高水平论文的评价；学位论文，下设学位论文科研能力与创造性平均成绩、学位论文盲审成绩、学位论文盲审异议率、生均优秀博士学位论文数；其他方面，包括博士生对科研能力提高程度的评价、博士生对攻读博士学位的总体评价、博士生就业满意度、在校超长学习期限博士生所占比例①。

（4）博士生培养质量评价的方法。

在博士生培养质量评价的方法方面，不同层面的方法略有不同。笼统地讲，评价方法分为定性评价和定量评价，定性评价是评价者对学位论文的各项评价标准的优劣等级进行评定，定量评价是通过对博士学位论文质量评价各项指标赋予适当权值，评价者对各项指标进行打分，最后加权得出最后的分数②。对博士生学习效果的评价方法主要有课程考察和对认知能力的测量两种方式，课程考察是通过课程的学习和考察来评价博士生知识的获得和应用的情况，对认知能力的测量，如研究能力的获得与应用情况，则可以转化为以学科为基础的研究成果（John Brennan，1996）③。就评价主体而言，主要采取同行评价的方式进行评估，如 Tony Becher 等（1994）④。还有学者将博士生培养质量评价的方法与评价的层次对应起来，如沈文钦认为微观层次的博士生培养质量的评价方法包括课程论文评分、综合考试、论文评阅、论文考试、学习档案法，宏观层次的博士生培养质量评价方法有意见调查法、文献计量法、纵向（历史）比较法、横向（国际）比较法⑤。

① 张国栋，樊琳，黄欣钰，等.博士生培养质量的自我评估指标体系研究［J］.学位与研究生教育，2010（6）：4-7.

② 李征航，毛旭东，刘万科，等.博士学位论文质量评价指标体系的研究［J］.湖北经济学院学报（人文社会科学版），2006（7）：179-180，42.

③ BRENNAN J. Changing conceptions of academic standards ［R］. Quality Support Center Higher Education Report, 1996.

④ BECHER T H, KOGAN M. Graduate education in Britain ［M］. London：London Jessica Kingsley Publishers Ltd, 1994.

⑤ 沈文钦.博士培养质量评价：概念、方法与视角［J］.北京大学教育评论，2009（2）：47-59，189.

1.4.3 对跨学科博士生培养及质量评价的研究

自 20 世纪 60 年代以来，有关跨学科（interdisciplinary）领域的研究日渐受到关注。相对于国内，国外开展相关研究的时间较早，研究内容也更深入全面。1970 年，国际经济合作与发展组织（OECD）与法国教育部联合召开了以"跨学科"为主题的国际学术研讨会，会后出版了《跨学科——大学的教学和科研问题》文集，这本文集影响很大，从而使得跨学科作为一个专门领域被研究者们关注。1979 年，美国宾夕法尼亚大学召开以"人文科学跨学科研究生计划"为主题的学术研讨会，并出版了跨学科研究领域的重要著作《高等教育中的跨学科》，该著作汇集了跨学科的定义、跨学科方法论及自然科学和社会科学对人文科学的跨学科程度等方面的研究①。20 世纪 90 年代，有关跨学科学的专著出现了，如克莱茵（J. T. Klein）出版了《跨学科学——历史、理论和实践》，探讨了跨学科学发展的历史、规律和方法，以及跨学科应用和教育等方面的问题。之后，一大批关于跨学科的基本概念和基本理论、跨学科人才培养及其机制、跨学科组织的管理和资助、跨学科评价等各方面的研究成果问世，形成了一股高等教育改革的热潮。2000 年前后，西方各国逐渐意识到跨学科研究的重要性，先后发布了有关跨学科研究的研究报告。英国大学拨款委员会评价组织、英国科研联合委员会分别于 1999 年和 2000 年发布《跨学科研究与科研评价活动》的报告及《促进跨学科研究的教育》咨询报告。《跨学科研究与科研评价活动》针对英国现有科研评价体系制约跨学科研究发展这一事实，通过分析英国高校当时跨学科研究的现状和面临的问题，就如何促进跨学科研究给出政策建议。而《促进跨学科研究的教育》则是在对英国 13 所高校开展调研的基础上给出相应建议。美国国家科学院协会于 2004 年发布了《促进跨学科研究》，界定了什么是跨学科研究，分别从跨学科的学术机构、资助机构、研究人员、专业协会等方面分析了开展跨学科研究的不利因素并给出了建议②。欧盟也在同年发布了《欧洲的跨学科研究》，该报告同样探讨了阻碍欧洲开展跨学科研究的障碍，并提出了相应的解决措施。此外，德国、法国、荷兰和日本的国家科技咨询机构及高校也就如何促进本国的跨学科研究开展了相关研究，并取得了丰硕的研究成果。

---

① 刘仲林，张淑林. 中外"跨学科学"研究进展评析 [J]. 科学学与科学技术管理，2003，24（9）：5-8.

② 程如烟. 美国国家科学院协会报告《促进跨学科研究》述评 [J]. 中国软科学，2005（10）：159-161.

国内跨学科研究起步较晚，约起源于 20 世纪 80 年代。1985 年，我国首届交叉学科学术讨论会议结束后，出版了《迎接交叉学科的时代》论文集，由此开启了我国学者研究交叉学科的热情。发展至今，国内已累积了相当数量的跨学科研究领域的研究成果，研究内容大致涵盖了跨学科的基本概念和理论、跨学科人才培养、跨学科组织和项目的管理及跨学科评价几个方面，一批专著如刘仲林的《跨学科研究导论》和《跨学科教育学》、李光主编的《交叉科学导论》、解恩泽的《交叉科学概论》、李文鑫等的《跨学科人才培养的理论研究》、童蕊的《大学跨学科组织的冲突问题研究》等相继出版。考虑到本节讨论的主题是跨学科博士生培养的质量评价，因而笔者着重总结国内外已有的关于跨学科研究生培养、跨学科质量评价及跨学科研究生培养质量这三方面的内容。

1.4.3.1　对跨学科研究生培养的研究

已有的跨学科研究生培养的研究成果大致可以分为跨学科研究生培养的总体性研究、跨学科研究生培养的过程及其各环节研究和对跨学科研究生培养模式的研究三类，下面分而述之。

（1）对跨学科研究生培养的总体性研究。

随着跨学科研究不断取得新成果，跨学科人才培养尤其是研究生的培养进入学者们的视野中，许多研究提出跨学科研究生培养项目的成立有利于跨学科研究生的培养。如欧盟研究顾问委员会（EURAB）于 2005 年发表的《跨学科研究报告》[①]，认为当前教育体制已经成为跨学科研究的障碍，在硕士教育阶段，需开展跨学科研究培训项目，由于跨学科研究需要在新的研究领域内运用新的方法和技术，这有可能损害狭小的部门利益，而研究生院是跨学科研究生培养的成功方式。而博士教育阶段，则建议在继续执行目前基于学科划分的培养项目的同时建立新的研究领域的跨学科博士培养项目。澳大利亚墨尔本大学高等教育研究中心于 2007 年发布《跨学科高等教育：教育与学习指导》[②]，该报告界定了跨学科（interdisciplinary）的定义，讨论了跨学科教育与学习面临的挑战，提出机构组织在跨学科教育和学习中起着十分重要的作用。Ariel B. 等提出跨学科博士生的培养需要以适合的跨学科教育项目为依托。廖湘阳等则认为跨学科科研要形成学科群的良好平台，不断更新和开拓新的研究方向，应积极组织研究生参与跨学科科研，同时坚持和完善集体指导和导师负责相结合的培养制度，根据科研取向设置相适应的课程计划，注重跨学科研究生方法论

---

① Report on Interdisciplinarity in Research ［R］. Europe Research Advisory Board, 2005.

② MARTIN DAVIES, MARCIA DEVLIN. Interdisciplinary higher education: Implications for teaching and learning ［R］. Centre for the Study of higher Education, The University of Melbourne, 2007.

的养成等①。

还有学者认为跨学科研究生培养需要从研究生教育的理念、各培养环节以及管理方面着手改革。如赵鹏大（1996）、高虹（2002）、张良（2012）、贾川（2008）。此外，导师对于跨学科研究生培养也有重要影响。如项蓓丽提出跨学科研究生的培养应采用导师与导师组联合指导的方式，借助跨学科指导提高质量②。

（2）跨学科研究生培养的过程及其各环节研究。

对培养过程及其环节的讨论是跨学科研究生培养研究的重要内容。首先，对于跨学科研究生培养过程的考察以案例研究居多，内容主要涉及课程学习、导师指导、管理制度等方面。如 Minnis M., John-Steiner V.（2005），Holley（2009）通过对某跨学科研究生培养项目进行案例分析，对跨学科课程内容、目的、组织形式、课程教学和学习等问题进行了详细探讨。

于书洁等对中国农业大学跨学科培养博士生进行总结，从博士生选拔、导师指导、跨学科的培养方案和奖助方案以及管理机制等方面总结经验教训③。赵红蕊等对清华大学地球空间信息研究所跨学科研究生培养进行案例研究，提出了跨学科硕士培养中导师、学生、学校应注意的事项④。胡甲刚通过对华盛顿大学"城市生态学"博士项目进行案例研究，考察了该项目博士培养的学科特点与培养目标、师资队伍与招生策略、课程设置与教学安排、研究训练与学位论文等几个方面⑤。张辉着重从课程设计、导师指导、科研训练等方面介绍了麻省理工学院计算与系统生物学计划、日本东京大学工学院跨学科信息学研究生院等优秀跨学科组织的研究生培养情况⑥。李平、王玲研究了美国跨学科培养研究生的合理性依据、知识状态和思维特点等，从而归纳出美国研究生跨学科培养的特征⑦。

---

① 廖湘阳，吴志信，仇罗生.论跨学科科研与研究生教育 [J].湘潭大学学报（哲学社会科学版），1996（6）：114-117.

② 项蓓丽.跨学科研究：研究生教育亟待解决的问题 [J].广西大学学报（哲学社会科学版），2003，25（1）：95-98.

③ 于书洁，史长丽，于嘉林，等.基于学科组织创新的博士生培养机制改革探索与实践：以中国农业大学研究生培养机制改革试点工作为例 [J].学位与研究生教育，2008（3）：70-73.

④ 赵红蕊，唐中实，刘钊.跨学科硕士研究生培养若干问题研究 [J].测绘科学，2010（1）：237-238.

⑤ 胡甲刚.美国跨学科研究生培养管窥：以华盛顿大学"城市生态学"IGERT 博士项目为个案 [J].学位与研究生教育，2009（10）：71-75.

⑥ 张辉.高校跨学科组织研究生培养机制的创新研究 [D].杭州：浙江大学，2010.

⑦ 李平，王玲.美国研究生跨学科培养模式的本质特征探析：基于后现代哲学思想的解读 [J].学位与研究生教育，2008（2）：71-76.

除了从整体上讨论跨学科研究生培养的过程外，还有许多相关研究是以跨学科研究生培养各环节为主题开展的。

在招生制度方面，应注重研究生的多学科知识和跨学科研究能力。如曾智洪、彭静认为适当放宽研究生报考的条件十分必要，允许跨学科门类报考，注重研究生多学科研究能力的养成①。刘峻杉在讨论教育学领域跨学科研究生特征时认为，研究生的选拔应注重考查研究生跨文化的适应能力和原有学科基础②。

在导师指导方面，Pajewski 通过调研发现，跨学科专业学生倾向于向导师或指导委员会寻求指导，与非交叉学科专业学生相比，跨学科专业学生与导师交流的频率较高，对建议质量要求也高，学生们更看重导师对非专业领域的指导能力、个人品质等③。国内许多学者都提出应鼓励不同学科专业的导师对研究生实行联合指导，如翟亚军（1999）、贾川（2008）。

在课程设置与学习方面，讨论主要集中在课程内容选择、教学方式、学习交流上。如 Jacobs 和 Hayes 研究了交叉学科课程内容的设置，认为跨学科课程内容应考虑学生的学科背景，必须以学生的需求作为出发点，教学应循序渐进④。史苗认为跨学科博士生课程由核心课程和专业课程组成，核心课程主要对交叉学科的基础知识和方法进行训练，专业课程则针对不同学科背景博士生的知识结构薄弱环节安排课程科目⑤。Nikitina 提出了适用于人文社科领域的背景式教学、适用于自然科学领域的概念转化式教学和问题引导式教学⑥。David A. Victor 认为将针对少部分人开设的课程放在公共平台上供多数人选择的做法适用于跨学科学习⑦。

在培养方式方面，大多国外学者都认为跨学科人才的培养需要更长的时

① 曾智洪，彭静.中美研究生教育课程设置比较研究［J］.中国研究生，2005（4）：42-44.

② 刘峻杉.教育学领域跨学科研究生培养的特征、挑战和对策［J］.学位与研究生教育，2012（6）：18-23.

③ PAJEWSKI S G. Engagement in academic advising a comparison between students in interdisciplinary programs and students in non-interdisciplinary programs［D］. Pittsburgh：University of Pittsburgh，2006.

④ JACOBS, HAYES H. Interdisciplinary curriculum：design and implementation［M］. Alex and ria：Association for Supervision and Curriculum Development, 1989.

⑤ 史苗.研究型大学交叉学科博士生培养研究［D］.上海：上海交通大学，2011.

⑥ NIKITINA S. Three strategies for interdisciplinary teaching：contextualizing, conceptualizing, and problem-solving［J］. Curriculum Studies, 2006, 38（3）：251-271.

⑦ VICTOR D A. An interdisciplinary international business degree at Eastern Michigan University［J］. Business Communication Quarterly, 2008, 71（3）：354-361.

间，相应的资助年限也应适当延长。于书洁等还认为跨学科实验室轮训体系的构建有利于跨学科研究生的培养和学习①。

在专业设置和学位授予方面，美国高校一般将筹划开设跨学科专修计划作为培养跨学科人才的重要方式。如纽约州立大学文理学院开设跨学科研究的专业，专业规定了学生要在三个不同领域中各获得15个学分，专业本身不设置课程，允许学生形成自己的学习计划，并按照计划将研究领域中的课程组织起来。增设交叉学科也是跨学科研究生培养的途径之一，如何刚认为在现行的学科门类下增设交叉学科分支以及在各相关学科门类之间增设"跨学科"大类有利于跨学科研究和人才培养②。还有学者探讨已有的跨学科专业设置的利弊并提出改进意见，如陈媚对体育类跨学科专业设置的合理性及其课程开设的有效性等方面进行实证研究，并提出了整改意见③。

（3）对跨学科研究生培养模式的研究。

学科交叉和学科文化融入是探讨跨学科研究生培养模式的重要起点，如Hasenfeld分析了跨学科博士生教育的优势和劣势，并以学科的内容和知识结构为依据总结了学科交叉的六种模式，同时探讨了这六种模式的特点，在此基础上讨论跨学科博士生的培养模式④。丁学芳以学科文化融入为切入点研究跨学科研究生培养模式，提出人格与个体差异、学科文化距离、与培养单位的互动都是影响学科融入的重要因素，并提出了学科文化融入的途径⑤。还有学者通过探究制约跨学科研究生培养的因素构建了适合跨学科研究生培养的模式，如何跃等分析了当前我国研究生教育中制约复合型高层次人才培养的因素，提出并探讨了一级学科培养模式、跨学科门类培养模式、研究团队培养模式、个性化培养模式四种研究生跨学科培养模式⑥。刘良娟针对研究生培养模式的五个环节即招生制度、课程设置、培养方式、学位论文及学位授予进行分析，并

---

① 于书洁，史长丽，于嘉林，等.跨学科实验室轮训体系与博士生创新能力培养的改革探索［J］.学位与研究生教育，2010（3）：38-42.

② 何刚，陈孝杨.对交叉学科研究生培养的认识与思考［J］.学位与研究生教育，2005（12）：20-23.

③ 陈媚.北京地区跨学科体育硕士研究生培养现状调查［D］.北京：首都体育学院，2009.

④ HASENFELD Y. Models of Interdisciplinary Programs in Social Work Doctoral Education［J］. Journal of Education for Social Work，1979（2）.

⑤ 丁学芳.跨学科研究生的学科文化融入及培养探讨［J］.学位与研究生教育，2009（9）：20-25.

⑥ 何跃，张伟，郑毅.研究生跨学科培养模式探索［J］.国家教育行政学院学报，2011（7）：31-34.

提出保障措施①。张于贤等以动力学理论为基础构建我国跨学科研究生培养模式的模型，并验证了该模型②。

1.4.3.2 对跨学科质量评价的研究

对跨学科质量评价的研究一直都是跨学科研究的重要内容，也是对跨学科领域进行有效管理的重要方式和手段。国内外关于跨学科质量评价的研究按照研究内容和对象的不同，大致可以分为跨学科质量标准和评价原则、对跨学科科研的评价、对跨学科组织的评价以及对跨学科学生学习效果的评价。

（1）对跨学科质量标准和评价原则的研究。

对跨学科研究的质量管理与评估是研究者和管理者共同面临的一个挑战，他们在传统科学研究的质量评估的基础上，探索更合理有效的有关跨学科研究的质量评估方法和标准。艾伦咨询集团（Allen Consulting Group）认为不需要单独提出一套跨学科研究的质量标准，只是跨学科研究要比学科研究具有更广泛的社会影响，也就是看它是否为新的学科或领域的出现与发展做出了重要贡献，是否通过集结多学科知识解决了社会急需解决的问题，同时，还应平衡研究的广度和深度③。Julie T. Klein 提出跨学科评价的七个基本原则：目标的多样性，强调的是跨学科研究并不被单一的目标所驱动，目标总是多样的；标准和指标的多样性；组合的杠杆作用，考虑到跨学科研究的评估不仅要着眼于结果还有过程的质量；社会和认知在合作方面的相互影响，强调跨学科研究同时也是生产的社会过程；管理和指导，评估需要考虑组织结构在多大程度上促进了研究人员、导师与学生之间的交流；复杂系统的反馈和透明；有效性和影响④。Christopher R. Wolfe 和 Carolyn Haynes 认为在对跨学科论文进行评估时，有四点必须引起注意，分别是基于学科的来源、关键的论证、多学科的视角和跨学科的整合⑤。周南则以跨学科研究的基本概念为出发点，指出知识点是连接不同学科最活跃的因素，提出了模型化的跨学科评价指标体系⑥。

---

① 刘良娟. 我国研究生跨学科培养模式研究 [D]. 重庆：重庆师范大学，2009.

② 张于贤，郭旭，于明. 一个适于我国交叉学科研究生培养模式的模型及其应用 [J]. 中国管理信息化，2009（22）：102-104.

③ Establishing an Australian research quality framework, summary of discussion from multidisciplinary workshop, report to the australian government of education [R]. The Allen Consulting Group，2005.

④ KLEIN J T. Evaluation of interdisciplinary and transdisciplinary research [J]. American journal of preventive medicine，2008（35）：116-123.

⑤ WOLFE C R, HAYNES C. Interdisciplinary writing assessment profiles [EB/OL]. [2021-06-20]. http://www.units.muohio.edu/aisorg/pubs/InterdisWritingProfile.pdf.

⑥ 周南. 交叉学科研究的评价原理研究 [J]. 技术与创新管理，2007（3）：87-91.

（2）对跨学科科研评价的研究。

如何评价跨学科研究人员的学术成果，是跨学科科研评价中面临的主要问题。讨论最多的是关于同行评议的有效性和可操作性。国外大多学者认为有必要建立由不同学科的专家组成的专家小组来评价研究，相比学科专家侧重对学科贡献的识别，多学科专家小组更能关注到与跨学科研究相关的广泛影响，而能提供适当的咨询和建议①。郭中华等人提出，目前基于学科的学术成果评价主要采用同行评议的方式，而跨学科研究涉及的学科较多，因而很难找到"同行专家"群体，导致对跨学科研究人员的学术成果评价出现困难②。刘学毅提出可以将德尔菲法运用到交叉学科研究评价中，该方法的特点是专家组成员的权威性和匿名性、预测过程的有控趋同性、预测统计的定量性，在评价过程中首先要遴选专家，成立决策分析小组，将各种评估意见采用打分法转为分值，再求出概率分布。同时，还可根据跨学科研究的特点对方法进行适当修改，如处理结果时注意权重的分配等③。

对于跨学科科研发展状况的评价，应全面考察跨学科科研发展的直接贡献和间接贡献。如美国国家科学院协会发表的《促进跨学科研究》报告，认为跨学科研究机构要参考机构的目标和文化，不仅要从研究的知识贡献角度，还要考虑间接贡献来评价跨学科研究④。孙萍等认为跨学科研究发展状况的评估可以采用层次分析法，构建一个多层次的分析结构模型，其评估体系由跨学科研究投入状况、跨学科研究成果质量、跨学科研究活动状况、跨学科研究对社会发展的作用构成，相应的指标选择为：跨学科研究投入状况包括国家科技计划投入、自然科学基金资助、企业及民间团体资助、人力投入等；跨学科研究成果质量包括论文发表、专著出版、研究成果的年均增长率、被引率、获奖数；跨学科研究活动状况包括学术团体的研究活动、学术会议、学术刊物的布局、课题等；跨学科研究对社会发展的作用包括跨学科人才培养、经济效益的提高、对科技和社会经济的推动作用⑤。

---

① 转引于刘霓. 跨学科研究的发展与实践 [J]. 国外社会科学, 2008 (1)：46-55.

② 郭中华, 黄召, 邹晓东. 高校跨学科组织实施中存在的问题及对策 [J]. 科技进步与对策, 2008 (1)：183-186.

③ 刘学毅. 德尔菲法在交叉学科研究评价中的运用 [J]. 西南交通大学学报 (社会科学版), 2007 (2)：21-25.

④ COMMITTEE ON FACILITATING INTERDISCIPLINARY RESEARCH, NATIONAL ACADEMY OF SCIENCES, NATIONAL ACADEMY OF ENGINEERING, et al. Facilitating interdisciplinary research [M]. America：National Academies Press, 2004：149-150.

⑤ 孙萍, 朱桂龙, 赵荣萍. 跨学科研究发展状况评估体系初探 [J]. 中国科技论坛, 2001 (1)：35-38.

有关跨学科科研评价方法的研究，也积累了丰富的成果，这体现在对科研成果的评价上，文献计量学和同行评价是常被提及的评价方法。美国国家科学院协会的"凯克未来计划"使用文献计量学指标来测量，如引用的学科数、学科内引用的百分率等，并创造出交叉学科文献计量学指数。研究团队还开发出对研究成果定量评估的指标，包括整合度和专业度，前者对平复项目的影响至关重要①。哈佛大学研究小组认为目前跨学科研究的主要方法是计量学和同行评议，但这两种方法都没有给出什么是可靠的衡量标准②。金晶提出在传统的评价体系内应用 TOPSIS 法和因子分析法产生的综合评价值评价跨学科领域自然科学学术论文更为可行③。朱易佳探讨了基于基线的相对数据分析的定量方法。此外，定性评价的方法也受到学界重视，如蔡兵等认为由于跨学科研究的特殊性，对于跨学科研究成果的评价应以定性评价为主，提出了跨学科成果的实践价值、影响力、创新程度等一系列的定性指标，同时还介绍了直观判定法等增量性评价方法④。还有学者提出对跨学科研究成果的评价应秉持过程和结果并重的原则，如鲁兴启认为对跨学科研究成果的评价首先要注意过程分析，包括立项管理、研究过程的管理和事后评价，其次是要加强研究成果评价指标体系的研究。他提出了十项指标，包括经济效益和社会效益、对决策科学化和管理科学化的作用和影响等⑤。

（3）对跨学科组织评价的研究。

2004 年，美国促进跨学科研究委员会对美国科学界开展跨学科研究的状况进行调查，在对研究机构进行跨学科评价时，应将跨学科研究活动的贡献纳入其中⑥。对跨学科组织的评价应涉及项目的各个方面，如 Philip Birnbaum 通过对 84 个跨学科项目进行问卷调查，得出跨学科研究性能、有效活动条件、领导管理方法等八个特征来作为评价跨学科组织的依据⑦。王子镐认为，对跨学科研究中心的评价应该采用多样化的评价体系，除高校对跨学科研究组织进行评价外，跨学科组织的管理人员也需要对其成员进行考评，其中包括对于采

① 转引于魏巍."跨学科研究"评价方法与资助对策 [D]. 合肥：中国科学技术大学，2011.
② MANSILLA V B, FELLER I, GANDNER H. Quality assessment in interdisciplinary research and education [J]. Research Evaluation, 2006, 15 (1)：69-74.
③ 金晶.跨学科领域自然科学学术论文评价方法可行性研究 [D]. 北京：中国医科大学，2009.
④ 蔡兵，马跃，雷斌，等.交叉学科研究成果的评价标准、指标体系和评价方法研究 [J].西安交通大学学报（社会科学版），2007, 27 (5)：39-44, 48.
⑤ 鲁兴启.跨学科研究成果评价中的问题及其分析 [J].科技导报，2002, 20 (4)：26-28.
⑥ 促进跨学科研究委员会.促进跨学科研究 [J].国外社会科学，2007 (6)：101-103.
⑦ 转引于刘仲林.现代交叉科学 [M].杭州：浙江教育出版社，1998：147.

用双聘制聘请的研究员的考核。

（4）对跨学科学生学习效果评价的研究。

对于跨学科学生学习效果评价的指导思想，学生的进步被作为衡量学习效果的标准。如 Lawrence 在 1991 年提出，由于在跨学科项目中缺乏一个标准的课程体系，这就造成对跨学科人才培养评估的一个主要的劣势，这就要求评估者们将注意力集中在学生知识能力的进步上而不是局限于一个既定的信息框架，而这是最适合的评估跨学科教育的方法。Michael Field 等学者认为，评估最重要的部分是准确定义可操作的目标并清晰地测量目标达成的进步。跨学科机构的文化也影响了对学生学习效果的评价。如 Michael Field 等学者认为，对学习效果的评估应考虑到国家与地方不同层面的特点，在设计和执行评估项目时，应对该跨学科机构的文化和政治动力给予特别的关注，同时，在清晰表达评估目标时需与更高一级机构的评估目标相比较，关于评估结果的反馈要及时告知机构，以期对教学提出改进意见[1]。

许多跨学科组织也开展了评价跨学科学生学习效果的实践，评价深入到了整个学习过程。如俄亥俄州迈哈密大学（Miami University of Ohio）的跨学科研究中心，又称西部计划（the Western Program），发展出一系列复杂的测量学生跨学科学习效果的程序和方法。首先，学生会被告知做好准备，之后学院会采用 COMP 工具对学生进行前测和后测，再使用大学生学习体验问卷进行测量，内容主要是学生对于学术行为的自我报告，最后由毕业生对整个受教育过程进行评价，同时，中心的管理人员每年都会对学生进行面访，以便将学生对于学习体验的感觉融合到中心管理人员对于学生学习效果的认识中。常青州立大学（The Evergreen State College）也开展了对于跨学科学生学习效果的评价研究，跨学科机构根据 William Perry 提出的发展理论，分学习阶段测量学生知识能力的提升程度。

对跨学科学生学习效果评估的方法研究，集中在对学生认知能力的测量上。有代表性的是 P. V August 等学者提出的评估跨学科毕业生质量的 T 工具。对于跨学科训练的评估必须包含学科的多样性以及不同的学术文化、术语、价值观和学术传统，"T"的竖线代表了学科的深度，这就像是一个垂直的障碍，而跨学科的熟练就像水平条，"T"在讨论和评价跨学科研究和学习时是非常棒的隐喻。对于跨学科学生学习效果可以通过一些直接的方法进行评价，如综

---

① FIELD M, LEE R, FIELD M L. Assessing interdisciplinary learning [J]. New Directions for Teaching and Learning, 1994 (58): 69-84.

合考试、课堂成绩、同行评议的出版物、会议报告等。这些评估的工具都反映了个人 T 能力的形成，T 工具的目的是抓住学生预期焦点的深度和宽度，以及随着时间过去学生成就的动态表现。研究者们在海岸研究所伊格特项目（Coastal Institute IGERT Project，CIIP）做了实验，具体做法是：要求进入项目的学生创造 T 来代表他们目前和未来对于学科和跨学科的努力。实验要求他们找出在 T 的水平轴和垂直轴的 20 个障碍，这代表了他们目前对于 T 能力形成的感知；同时还要求构建一个额外的 T，这反映了他们在获得博士学位之后的 5 到 10 年的期望。所给出的每一个障碍都代表了他们在学科和跨学科所感知到的兴趣、知识和能力。10 个垂直的障碍和 10 个水平的障碍代表了学科和跨学科兴趣的平衡，在 CIIP 的每个学生每年都会测试 T 能力，这个过程可以获得简单的量化数据，使研究者捕捉到在当前和期望的未来两个时期的学生眼中的学科与跨学科研究所要关注的地方。此外，T 工具还提供了定性数据，如学生参与、隐藏在 T 后面的阐述的理由。纵横比（宽度除以深度）简化了度量，如果学生建立的 T 与之前建立的 T 相比，纵横比增加，就说明他的跨学科研究能力得到提升，这为学生和教师提供了一个明确的个人目标和测量目标达成的方法。T 给学生提供了一套术语来识别目前学习概况和进一步的学业目标，以及常规自我反省的机会。这一实验验证了 T 工具是有效的①。Allen F. Repko 认为跨学科学习效果评价的困难在于跨学科学习性质不明确、评估内容不明确，提出可以从与跨学科研究紧密相关的认知能力着手进行评价，如学生建构跨学科知识结构的能力、综合跨学科思想的能力、进行跨学科观点选择和思考的能力以及对复杂问题提出跨学科分析的能力②。Maura Borrego、张凇云等学者探讨了运用"概念图"来评价工科生跨学科知识集成情况，概念图是通过学生画出或标出核心概念来揭示概念间的联系，并以此评定知识习得的水平，通过一年的跟踪调查，证明了概念图方法对跨学科知识学习性进步的适用性，同时也存在一些不足③。

1.4.3.3 对跨学科研究生培养质量的研究

由于国外并没有研究生培养质量这一概念的提法，对于研究生培养质量的

---

① AUGEST P V, SWIFT J M, KELLOGG D Q, et al. The T assessment tool: A simple metric for assessing multidisciplinary graduate education [J]. Journal of natural resources & life sciences education, 2010 (39).

② 转引于管晓霞. 我国高校多学科交叉项目组织与管理方法研究 [D]. 武汉：华中科技大学, 2011.

③ 莫拉·波利格, 查德·纽斯万德. 运用"概念图"评价工科学生的跨学科知识集成：以"绿色工程"课程的跟踪研究为案例 [J]. 清华大学教育研究, 2009, 30 (2)：19-27.

探讨都是分布在学习质量、科研质量等概念中，因而这一部分的综述主要梳理跨学科研究生培养质量的国内研究成果。多数学者认为跨学科研究生培养质量体系应该包括跨学科研究生招生、素质培养、导师队伍建设、教育管理等几方面的内容，如纪军等（2007），李青侠、吕一波（2009）。江珂珂对理工类研究生学习人文社科类知识的总体情况、课程设置、科研训练、校园文化活动、课外阅读方面进行调查，并分析存在的问题和原因①。白峰等对跨学科的地学专业研究生的培养质量进行研究，认为培养方案的科学与否决定了研究生培养质量的好坏②。

1.4.4　对已有研究的评述

国外对于博士质量的关注与研究，主要集中于宏观层面的博士点质量和微观层面的博士教育质量，博士点质量评价的主要关注点在于博士培养单位的声誉和科研人员的学术能力，近十几年来也逐渐将学生绩效评价纳入博士点质量评价中。而微观层面的博士教育质量则指向博士生接受学术指导和学术训练的效果，这主要体现于培养单位在博士生培养过程中持续进行的质量监控。可见，国外对博士质量评价的相关讨论与本书探讨的博士生培养质量很不相同，因而其借鉴意义也十分有限。反观国内，博士生培养质量是我国特有的一个概念，学界对博士生培养质量十分关注，尤其近十年来相关研究密集涌现，积累了十分丰富的研究成果。已有研究基于不同的质量观对博士生培养质量这个概念也有不一样的解读，其质量评价的标准和内容也十分不同，这也为研究者和管理者提供了不一样的视角。然而，已有研究也存在一些不足，这主要体现在：建立在不同质量观上的博士生培养质量评价各自研究，缺乏对话的平台；对博士生培养质量的相关讨论几乎没有考虑不同学科的特点及其人才培养的规律，对博士生培养质量的分类评价仅止步于对博士学位论文质量以及博士生和导师对培养环节的满意度和课程带来的绝对知识掌握程度的分野，这必然使得用同一套质量评价体系对不同学科和领域的博士生进行评价时存有不准确的可能性。

在跨学科研究生培养质量评价方面，国外同样在科研的评价和学习效果的评价方面发展出许多评价思想和方法，只是学术界对于评价方法的可靠性和适

---

① 江珂珂. 学科综合化背景下理工类研究生培养质量提升的策略研究 [D]. 广州：华南理工大学，2010.

② 白峰，马龙，赵凯. 跨学科的地学专业研究生的培养质量研究 [J]. 中国地质教育，2010 (4)：70-73.

切性尚无统一的看法和标准。而国内对跨学科质量评价的研究也主要集中在某一具体评价方法在某一跨学科领域中的运用，欠缺对跨学科研究整体特点和跨学科博士生培养特点的整体把握。

1.5　研究思路与内容

本书首先界定了跨学科博士生培养质量评价的主体是大学，评价目的是了解本校跨学科博士生培养的整体情况并为质量的进一步改进指明方向。本书以第四代评价理论为指导，发展出基于第四代评价理论的跨学科博士生培养质量评价模式。指标体系的建构分为两个步骤：第一，对相关理论问题进行了探讨，包括对博士生培养质量观的梳理和分析、对跨学科博士生培养质量评价指标体系的结构和构建原则的探究，对跨学科博士生培养的特殊性以及跨学科博士生培养质量的影响因素进行研究，并以此为依据完成该指标体系的初次建构。需要说明的是，初次建构并不作为跨学科博士生培养质量评价的先验建构，而是等同于调查中所获得的其他信息。第二，对指标体系进行再建构。首先界定跨学科博士生培养质量评价的三类利益相关群体：跨学科博士生、跨学科博士生导师和跨学科行政管理人员。通过实地考察的方式，深入了解 H 大学开展跨学科博士生培养的背景，并收集相关材料，对跨学科博士生、跨学科博士生导师以及跨学科博士生的行政管理人员三类群体进行深入访谈，并将初次建构的指标体系连同上一个被访谈者的建构以质疑的方式展现给被访谈者，让其做出评价，发展出各利益相关者群体内部的连接性建构。其次，通过价值协商的方式确定评价的各项指标及其权重，最终形成相对一致的跨学科博士生培养质量评价指标体系，完成指标体系的再建构。最后，将分等加权综合评价法运用于跨学科博士生培养质量的评价中，并以 H 大学为例，对 H 大学的跨学科博士生培养质量进行了评价。同时进一步总结出我国开展跨学科博士生培养存在的问题，分析了原因并提出了对策。

第 1 章，绪论。本章对本书研究缘起和意义、研究思路与内容等进行了阐述，并通过对研究现状进行综述以期为后面的研究打下理论基础。

第 2 章，博士生培养质量观的演进。依据博士生培养质量评价标准的不同，本章对博士生培养质量观的历史发展脉络进行了梳理，同时对博士生培养质量评价实践进行了分析，探究了博士生培养质量观的实践属性，以增进对博士生培养质量的理解，这是评价博士生培养质量的重要基础。

第 3 章，博士生培养质量的多元分类评价。这部分内容旨在通过对不同学科、不同人才培养类型的博士生培养质量评价体系进行分析，探究博士生培养质量评价存在的学科差异与培养目标差异。同时，结合跨学科博士生培养的特殊性，以期得到跨学科博士生培养质量评价的启示。

第 4 章，跨学科博士生培养质量评价指标体系的建构方案。这部分内容在明确跨学科博士生培养质量评价指标体系的价值取向、含义、结构要素以及该指标体系的构建原则的基础上，针对目前指标体系构建的种种障碍，提出解决思路。本章以第四代评价理论为指导，建立基于第四代评价理论的跨学科博士生培养质量评价模式。指标体系的建构分为两个步骤，即二次建构，本章先完成指标体系的初次建构：对跨学科博士生培养的特殊性、不同领域跨学科博士生培养的学科差异以及跨学科博士生培养质量影响因素等进行理论分析，完成跨学科博士生培养质量评价指标体系的初次建构。值得说明的是，初次建构的指标体系中的各项指标将以质疑的方式展现给被访谈者，所进行的理论分析并不作为跨学科博士生培养质量评价的先验建构，而是等同于调查中所获得的信息。

第 5 章，跨学科博士生培养质量评价指标体系的再建构。按照第四代评价理论，首先界定跨学科博士生培养质量评价的三类利益相关群体：跨学科博士生、跨学科博士生导师和跨学科行政管理人员。通过实地考察的方式、深入了解 H 大学开展跨学科博士生培养的背景，并搜集相关材料，对跨学科博士生、跨学科博士生导师以及跨学科博士生培养的行政管理人员三类群体进行深入访谈，同时将初次建构的指标体系的内容以质疑的方式展现给被访谈者，发展出各利益相关者群体内部的连接性建构。再通过价值协商的方式确定评价的各项指标及其权重，最终形成相对一致的跨学科博士生培养质量评价指标体系——再建构。

第 6 章，跨学科博士生培养质量的案例评价——以 H 大学为例。本章运用跨学科博士生培养质量评价指标体系对 H 大学跨学科博士生培养质量进行综合评价。

第 7 章，跨学科博士生培养质量的提升。在前文对 H 大学跨学科博士生培养质量评价的基础上，结合我国高校开展跨学科博士生培养的实际情况，找出其中出现的问题，并尝试分析原因、提出解决对策。

第 8 章，结语。

1.6 研究方法

本书的研究方法包括：①历史研究法，对博士生培养质量观在理论基础和评价实践两个方面的演进与发展进行历史梳理，归纳了六种博士生培养质量观，并对博士生培养质量观发展趋势及其原因进行分析；②比较研究法，本书比较研究了跨学科与单一学科、跨学科博士生培养与单一学科博士生培养的特点，并对常见的三类跨学科博士生培养的特点进行了对比；③质性研究法，根据第四代评价理论，本书对跨学科博士生、跨学科博士生导师以及跨学科博士生行政管理人员三类群体进行深入访谈，结合实地考察，并多方面获取信息，发展各群体内部的建构，而后通过价值协商的方式开展各群体之间的谈判，以形成各方同意的相对一致的评价指标体系；④问卷调查法，本书采用问卷调查法对 H 大学跨学科博士生培养质量进行了综合评价以及各维度的评价，并提出了建议。

2 博士生培养质量观的演进

博士生培养质量观是人们对博士生培养质量的基本看法，其核心是对博士生培养质量标准的理解，主要涉及博士生培养质量的评价标准是什么、由谁来确定博士生培养质量的评价标准以及如何评价。本章依据博士生培养质量评价标准的不同，对博士生培养质量观的历史发展脉络进行梳理，同时对博士生培养质量评价实践进行分析，探究博士生培养质量观的实践属性，以期对当前博士生培养质量观的重塑提供有益的思考和借鉴。

2.1 博士生培养质量观的历史演进

博士生培养位于人才培养的最高层次，其地位和高度自治的传统使得博士生教育从来都只是大学内部的事务，甚至是该领域内部的事务，其培养质量则不由局外人妄加评论。然而，随着高等教育经济价值的凸显、博士生规模的扩大、知识生产模式的变化以及博士生来源及就业取向的多样化，学术系统内外部的众多利益相关者对博士生教育质量予以越来越多的关注。博士生教育发展至今，涌现出多种质量观，基于评价标准的不同，本书尝试将博士生培养质量观概括为以下六种。

2.1.1 基于知识贡献的博士生培养质量观

基于知识贡献的博士生培养质量观以知识的独创性贡献作为衡量博士生培养质量的唯一标准，这种博士生培养质量观源于研究型博士的设立。具有现代意义的研究型博士起源于德国，19 世纪初，洪堡创立柏林大学以后，科学研究成了大学继人才培养之后的又一重要职能，至此，培养科研人才成了大学的目标。柏林大学博士生的培养主要通过研讨班和实验室的方式来实现科研与教学的统一，博士生没有必修的课程，也不用参加考试，而是可以根据自己的研究需要自由选择课程。在整个学习期间博士生的主要任务是撰写一篇博士论文，其博士学位的授予与否主要取决于博士论文学术水平的高低，即博士论文是否能展现出原创性的科研成果①。具体而言，其原创性表现在：博士论文绝不是各种资料或观点的简单堆积和罗列，作者应在科学研究的基础上提出自己的观点，并且对某一领域的学术发展做出贡献②。德国研究型博士的培养模式影响了世界上其他国家，尽管其他国家在引进德国研究型博士培养模式的基础上有所改动和创新，但对博士论文的要求都做出十分严格的规定，并对博士论文的"原创性贡献"进行了较为详细的描述，如英国教授菲利普斯归纳了 15 种博士论文"独创性贡献"的表现③。对博士论文的评议主要交由学术同行进行，在德国，博士论文的第一评议人由该博士生的导师担任，另一位则是系里的其他教授。英国一般是由导师和系主任共同聘请评议人，其中一名为校内未指导过该博士论文的教授，另一名是校外相关领域的学者。法国则是由博士生导师聘请至少两位教授（其中一人为校外学者）参与论文评阅。美国是由该博士生的导师和学术委员会共同审阅④。

2.1.2 基于学术训练的博士生培养质量观

基于学术训练的博士生培养质量观，也称作过程导向的质量观，该质量观认为博士生培养的目的并不在于博士生本身能做出多少有价值的原创性贡献，其培养的重点应着重放在对博士生的学术训练上，无论是论文的写作、课程的学习，还是研究经验的积累都是学术训练的重要手段，其目的是使得博士生在整个培养过程中习得研究方法、了解学科前沿，以具备做研究的基本素质，为做出创新性成果打下基础，博士生培养质量的评价标准即为博士生是否具备基本的研究素质。基于学术训练的博士生培养质量观的出现，一方面是面对传统的德国学徒制研究型博士培养模式存在的博士论文选题过偏过窄、专业相关知识储备不足、完成论文的过程中缺乏与他人交流等批评做出的调整；另一方面也是对博士生规模扩大、博士生来源多样化而致使做出原创性贡献越来越困难

---

① 张凌云.德国与美国博士生培养模式研究 [D].武汉：华中科技大学，2010：89-92.

② 陈学飞.西方怎样培养博士：法、英、德、美的模式与经验 [M].北京：教育科学出版社，2002：158

③ 陈学飞.西方怎样培养博士：法、英、德、美的模式与经验 [M].北京：教育科学出版社，2002：17-18.

④ 陈学飞.西方怎样培养博士：法、英、德、美的模式与经验 [M].北京：教育科学出版社，2002：19.

这一现实的回应。

　　基于学术训练的质量观对原创性贡献的标准有所放松，在博士生的实际培养中多表现为博士生培养更加结构化、对博士生培养各阶段的学习任务和准入资格做出严格规定、对博士论文的评价更关注研究的规范性等。从注重博士论文对学科发展产生的实际推动逐步过渡到论文是否体现博士生的创新精神，最具代表性的是法国和美国。1988 年，法国开始实行新的博士生培养制度。法国的博士生培养分深入学习文凭和撰写博士论文两个阶段进行，深入学习文凭阶段既是攻读博士学位的预备阶段，也可以作为一种资格就业，这一阶段要求博士生完成规定的课程学习，一般包括专业的基础理论和方法论以及部分的研讨课，课程学习之后撰写一篇小论文，通过答辩者则取得深入学习文凭，这一阶段年限约为一年。第二阶段是在导师的指导下确定论文选题、开展实验和研究工作。对博士论文的要求是"一项有特色的科研成果"[1]。20 世纪初至 20 世纪 60 年代末，美国形成了独具特色的博士生培养模式，学术训练的质量观贯穿始终。相较法国，美国的博士生培养更加注重课程的学习，通常要求博士生学习 12~15 门课程，所修习的课程包括主攻方面的专业课程和相关领域的选修课程以及外语的学习（研究型博士一般要求精通两门外语），课程修习的时限长达两年。理工科学生除学习课程外还需参加实验室轮转，这是博士生全面了解学科的过程，也是对学生进行科研能力训练的最好途径。课程修习结束后，学生需要通过博士资格考试，成为博士候选人之后才开始进入论文写作阶段。而撰写博士学位论文，并不在于让博士生对知识本身做出多少重大的原创性贡献，更重要的是为博士生提供一个独立从事科学研究的机会，博士生在撰写博士论文的过程中能够体验从重大问题的发现、到研究方法的规范使用、再到运用多方面研究技巧解决问题的整个科研流程，从而达到培养和发展博士生学术能力和创造力的目的。博士学位论文一方面能够表明博士生是否有能力对一个有价值的学术问题进行研究并得出有意义结论，另一方面也是博士生几年博士生涯学术训练成果的集中展现[2]。

2.1.3　基于社会化理论的博士生培养质量观

　　随着科技的发展，大学与社会各界的来往更加密切，大学"入世"的特

　　① 陈学飞. 西方怎样培养博士：法、英、德、美的模式与经验 [M]. 北京：教育科学出版社，2002：54-61.

　　② 陈学飞. 西方怎样培养博士：法、英、德、美的模式与经验 [M]. 北京：教育科学出版社，2002：240-254.

点不断凸显，博士生的所学能否适应社会成为博士生培养需要面对的最大挑战。政府和大学都意识到，博士生培养在保持自身独立性的同时应该服务于国家和社会。许多研究表明，当前博士生教育的培养内容与劳动力市场的现实需求存在严重脱节，博士生教育面临的批评还有：博士培养内容狭隘、强调科研而忽视教学能力，缺乏导师指导、入职培训及工作定位辅导①。一些研究型大学的研究生院院长和博士生导师开始帮助博士毕业生在学术界以及其他各行各业寻找就业机会，博士生培养质量观应该对博士生的职业准备做出回应。

正是基于这一背景，建立在社会化理论基础上的博士生培养质量观应运而生。基于社会化理论的博士生培养质量观的基本观点是：教育的社会功能与教育提高知识的技能对经济的影响同样重要，由于不同的工作需要不同的个性特征，而个性特征与工作所需的非认知能力并不是生来就有的，教育作为培养这些个性特征和工作能力的重要手段，应该发挥其帮助受教育者社会化的作用。有研究表明，在我国博士毕业生中，约有40%和10%的毕业生在高校和科研机构就业，其次分别为医疗卫生单位、公司企业和政府机关②。可见，有近一半的博士生在非学术机构谋得职位，博士生的就业呈现出多元化的态势。博士毕业生就业结构发生的变化丰富了博士生培养质量的内涵，基于社会化理论的博士生培养质量观正是对这一变化做出的调整。该质量观认为，博士生教育除培养和发展博士生的研究能力外，还应帮助学生完善职业所需的多方面能力，包括除专业知识以外的知识及非认知能力，博士生的工作胜任力应该纳入衡量博士生培养质量的标准当中。美国《重塑科学家与工程师的研究生教育》报告是该质量观的典型代表，该报告研究了新时代背景下美国科学家和工程师的职业途径及变化趋势，力图探寻博士生除接受学术训练和做出高质量的博士论文外如何帮助他们更加适应社会的发展需要。该报告提出以下建议：为博士生提供一个更宽的学业选择范围，在学术层级上打好宽广的专业基础、避免过分专门化，在职业层级上提供学术和非学术部门所需的技能；为博士生提供更好的信息和指导，建立国家层面的包含就业选择和趋势信息的全国数据库；制定全国人才资源政策，相关政策研究机构确定研究生教育尤其是博士生教育的国家目标③。Austin 和 Wulff 认为博士生生涯需要对博士毕业后从事学术职业做

① PEGGY L M, NANCY A B. The assessment of doctoral education: Emerging criteria and new models for improving outcomes [M]. Stylus publishing, 2002: 3-17.

② 陈洪捷. 博士质量：概念、评价与趋势 [M]. 北京：北京大学出版社，2010：169-171.

③ 美国科学、工程与公共政策委员会，国家科学院，国家工程院，等. 重塑科学家和工程师的研究生教育 [M]. 徐远超，刘惠琴，等译. 北京：科学技术文献出版社，1999：12-18.

出准备，提出了四条在博士生培养过程中应重点关注的事项，包括研究生流失量、研究生助教的角色与准备、研究生的劳动力市场及职业选择、研究生教育经历对入职准备的重要性[①]。可以看出，基于社会化理论的博士生培养质量观是对博士生劳动力市场变化做出的调整和回应。

2.1.4 基于效益的博士生培养质量观

基于效益的博士生培养质量观的出现源于问责制的推动，政府以及公众越来越关心博士生培养是否能以同样的或较少的投入获得更多的产出，倾向于以效益来描述博士生培养质量，这是一种具有经济意义的质量观。该质量观重视博士生培养活动的效率和效益，效益高则培养质量好，效益低则培养质量差。基于效益的质量观又可细分为关注投入产出的博士生培养质量观和关注绩效的博士生培养质量观。关注投入产出的博士生培养质量观表现为通过博士生培养的成效来说明博士生培养活动的效益，主要以博士生的毕业率或流失率、博士生生均修业年限来作为博士生培养质量评估的重要指标，如 Kerlin 和 Simith Kerlin 通过研究博士生的流失率、获取学位的用时、女性及少数民族学生的比重、社会阶层分布等数据说明博士生培养的质量。关注绩效的博士生培养质量观主要以学术产出来对博士生的学术能力进行量化，博士生的学术产出越多，证明博士生培养质量越高。该质量观主要以博士生在学期间所发表论文、参与编写著作等形式予以量化。

2.1.5 基于改善学习的博士生培养质量观

基于改善学习的博士生培养质量观强调的是博士生培养的目标在于提高博士生的学术能力，关注的重点主要放在博士生在接受博士生教育期间学习上的进步。长期以来，博士生培养质量通常以博士生的考试成绩、科研产出、毕业论文等可以量化的指标予以描述，缺少对博士生在学习期间的自我体验和能力进步的关注。而有研究表明，博士生在博士学习阶段的经历和体验与毕业后的成功相关，关注博士生在博士学习期间获得的进步比只关注一些定量指标更有说服力。此外，以往的质量观着重对博士生培养质量的现状进行描述，对如何改善博士生培养质量方面无能为力。从方法论上看，以往研究要解决的问题仅仅局限于"是什么"和"怎么样"，而缺乏对博士生学习过程"为什么"的研

---

① AUSTIN A E, WULFF D H. The challenge to prepare the next generation of faculty. In Paths to the professoriate: Strategies for enriching the preparation of future faculty [M]. San Francisco: Jossey-Bass, 2004: 3-16.

究。而对学生学习经历和学业进步的关注，恰恰是对以往研究的重要补充，以学生视角看待博士生培养质量，不仅能更加客观地评价培养单位在博士生培养工作方面取得的进展，而且能帮助培养单位在如何改善和提高博士生培养质量上更加有针对性。

基于改善学习的博士生培养质量观的特点是：更加关注博士生受教育经历、重视博士生的学习体验，采用学生自评、档案袋等方法描述其培养质量，为培养单位进一步改善博士生培养工作提供建议。如 Lovitts 从研究博士生的学习经历入手考察博士生流失现象，重点分析流失的原因和结果，研究认为对学生社会化程度培训是否全面和博士生经费资助的连贯性是影响博士学业未完成者的主要原因。Golde 和 Dore 于 2001 年就博士生学习经历对超过 4 000 名在学博士生进行调查，研究表明博士生在培养内容、培养目标和职业准备方面存在"信息空白"。此外，在该质量观指导下使用得最广泛的评价方法还有学生自评，即由学生自我感知其各学术能力是否取得进步，如 P. V. August 等学者研究了跨学科博士生培养项目的学生学业进步情况，研究者首先帮助学生自己总结出 20 种跨学科学习障碍，之后在特定时间采用学生自评的方式测量学生在这些障碍方面的克服情况以说明学生的学业进步[①]。与此同时，西方一些高校近年来开始尝试使用"档案袋"的方式收集能够展现学生努力程度、进步情况和所获学业成就的学习作品，并鼓励学生记录自己对曾经面临或将来仍将面临的挑战的反思。档案袋评价法不仅能够更加准确地记录学生的学业进步，还能使博士生成为积极主动的知识建构者。

2.1.6 基于利益相关者理论的博士生培养质量观

利益相关者理论起源于经济学中的公司治理，现被广泛地应用于其他组织的管理研究中。该理论认为，任何一个公司的发展都离不开各类利益相关者的投入和参与，而公司应该理所当然地为利益相关者服务。在界定谁是公司利益相关者方面，较有代表性的是美国经济学家 Freeman 给利益相关者下的定义，即"那些能够影响企业目标实现，或能被企业实现目标的过程影响的所有个人和群体"。这一定义被许多经济学家所接受，然而，将所有利益相关者作为一个整体来研究极不现实，也不具有操作意义，因而利用分类的思想研究利益相关者便成了利益相关者理论讨论的核心。在诸多界定利益相关者的理论中，

---

① AUGEST P V, SWIFT J M, KELLOGG D Q, et al. The T assessment tool: A simple metric for assessing multidisciplinary graduate education [J]. Journal of Natural Resources& Life Sciences Education, 2010 (39): 15-20.

属美国学者 Mitchell 的多维评分法影响最大，他从利益相关者的认定和利益相关者的特征两个角度提出了三种属性用于鉴别不同的利益相关者，分别是：合法性，指某一群体是否被赋有法律和道义上的或特定的对于企业的索取权；权力性，即某一群体是否拥有影响企业决策的能力和相应手段；紧急性，指某一群体的要求是否能立即引起管理层的关注。根据这三个属性可以将利益相关者分为确定性利益相关者（对企业的影响同时具有合法性、权力性和紧急性）、预期性利益相关者（对企业的影响满足其中的两项）、潜在的利益相关者（满足三项中的一项）三类[①]。利益相关者理论可以为大学的治理提供一个有效的分析框架，许多高等教育学者对其做了有益的探寻，如 Henry Rosovsky 依据利益相关者的重要性划分出四类群体，分别为：最重要群体，包括教师、行政主管和学生；重要群体，包括董事、校友和捐赠者；部分拥有者，包括政府、向学生和大学提供贷款的银行家、学术活动的评审委员会等；次要群体，包括市民、社区和媒体等[②]。相应地，博士生培养质量观的建立不仅应关注博士生培养目标的达成情况，除此之外，还应考虑到博士生、博士生导师、行政管理人员、政府、用人单位等利益相关者的诉求，对其进行满意度的调查，便是基于利益相关者理论的博士生培养质量观的重要印证。

2.1.7　博士生培养质量观演进的趋势分析

博士生培养质量观的历史发展脉络呈现出以下特点：博士生培养质量的评价标准从注重原创性贡献到关注多种能力的培养、评价主体更加多元、评价方法从注重结果的达成向关注博士生的学习体验转向。

2.1.7.1　评价标准从注重原创性贡献到关注多种能力的培养

自现代意义上的博士生教育诞生以来，知识上的原创性贡献一直是博士生培养最重要的预期产出，也是博士生培养质量的唯一评价标准。随着博士生教育规模的扩大、博士生来源的多样化以及研究型博士和专业博士的分野，博士生培养质量的评价标准开始更加关注博士生研究能力的培养。同时，博士生培养与劳动力市场的关系更加密切，博士生教育不再只为大学和科研机构输送学术人才。约在 1970 年前后，美国所培养的博士生数量第一次超过了可提供的学术职位数量，博士生就业多样化成为重要趋势。博士生培养应该帮助博士生就业做好准备，与博士生就业相关的多种能力也受到关注。博士生培养质量评

---

① 贾生华，陈宏辉.利益相关者的界定方法述评［J］.外国经济与管理，2002，24（5）：14-16.

② 亨利·罗索夫斯基.美国校园文化：学生、教授、管理［M］.谢棕仙，译.济南：山东人民出版社，1999：5-6.

价标准的变化带来的是博士生培养的过程越来越结构化，各培养环节更加注重博士生研究能力和就业能力的培养，对博士学位论文的评价也更加关注学生研究能力的展现。

2.1.7.2 评价主体更加多元

研究型博士的培养，始于18世纪末19世纪初的德国，并在之后的几十年作为一种教育模式影响至世界各国。博士生培养的德国模式以博士论文质量作为衡量博士生培养质量的唯一标准，对博士论文质量的判断采取同行评议的方式进行，评价主体是本专业领域的学者群体。评价主体的单一一方面是源于大学自治的传统；另一方面，由于博士生教育位于高等教育的最高层次，博士生的培养过程同时也是知识生产的过程，而判断知识的价值当然是本专业学术群体最有发言权。然而，随着社会的发展，博士生教育在促进科技和经济发展上的重要地位和作用得以彰显，政府、市场、学生及其家长也更加关注博士生培养质量问题。政府寄希望于博士生教育在注重效益的同时提供更高质量的人才，社会和用人单位希望通过提高博士生培养质量来提升其发展潜力和竞争力，学生及其家长则更加关心对博士生教育的投资是否"物有所值"。正是在政府、市场、消费者几方合力的作用之下，博士生培养质量的话语权游离于社会之外的现象开始改变，博士生培养质量的评价主体更加多元。基于利益相关者理论的博士生培养质量观以及各国多元主体参与的博士生培养质量评价是其印证。

2.1.7.3 评价模式从注重外部结果向关注培养过程转向

博士学位论文是博士生培养的重要产出，博士学位论文的质量是衡量博士生培养质量的重要依据。随着新公共管理的影响以及问责制的进一步推动，政府、资助机构更加强调博士生培养的绩效，倾向于以博士生毕业率和完成博士学位时间作为衡量博士生培养质量的重要指标。无论是对博士学位论文质量的评价还是注重效益的对毕业率和学位完成时间的绩效评价，其评价模式都是注重对博士生培养的外部结果进行评价。然而，博士生培养质量观的发展趋势显示，博士生培养质量的评价更加关注博士生培养的内部过程，如关注博士生的学习经历和学习体验、所接受的博士生培养与职业要求之间符合程度的评价等，从而为改善博士生培养的各环节以及促进博士生的学习提供重要依据。从方法论上看，以往研究要解决的问题仅仅局限于"是什么"和"怎么样"，而缺乏对博士生学习过程"为什么"的研究。而对学生学习经历和学业进步的关注，恰恰是对以往研究的重要补充，以学生视角看待博士生培养质量，能更加客观地评价培养单位在博士生培养工作方面取得的进展，使得培养单位在如何改善和提高博士生培养质量上更加有针对性。

2.2　博士生培养质量观演进的原因分析

总体来看,博士生培养质量观的历史演进大致受到社会背景和博士生培养质量评价主体两个方面因素的影响。

2.2.1　博士生培养质量观演进的社会背景因素

学术自治是高深学问最悠久的传统之一。由于传统意义的博士生培养与现实社会之间边界清晰,博士生培养及其质量的把关主要是学科内部的事情,质量的评价主体是基于学科的学术共同体,因而对博士生培养质量能形成较为一致的看法,评价方法主要采用同行评议。其体现出的基于原创性贡献的博士生培养质量观诠释了布鲁贝克所述的基于认识论的高等教育哲学。然而,随着社会的进一步发展,博士生培养质量观出现了一些变化。这首先表现在随着博士生教育的规模日渐增大、博士生做出原创性贡献的难度也在加大,与此同时,大学和科研院所提供的学术职位无法完全吸收毕业的博士生,一部分博士生需要在劳动力市场上实现就业,这使得博士生培养开始关注博士生的学术能力与就业能力的发展,博士生培养质量的评价标准也相应做出了调整。其次,博士生来源更加广泛、博士学位授予类型更加多样化,而博士生培养质量的评价标准在不同类别的博士生培养上各有侧重,如研究型博士与专业博士的分野,使得博士生培养质量观呈现出多样化态势。再次,随着博士生培养对经济发展、社会繁荣的价值进一步凸显,国家、社会、市场和公众都更加关注博士生培养质量,使得博士生培养质量评价的主体更加多元。同时,各国政府普遍削减了对高等教育尤其是研究生教育的经费投入,使得各大学、院系乃至博士生培养项目一方面积极寻找有效的学习证据证明博士生培养质量的优良从而获取有限的资源;另一方面,也更加关注博士生培养的各环节以及博士生的学习体验和受教育经历,采取措施改进学校的博士生培养质量以期应对所面临的挑战。

2.2.2　博士生培养质量观演进的评价主体因素

如前文所述,博士生培养质量已经不再只是学科内部的事物,而是涉及政府、社会、公众等诸多利益相关者群体。如伯顿克拉克就以影响高等教育系统的主导力量为划分标准,将高等教育系统分为学生导向型、市场导向型和政府导向型三类。这充分说明了各类群体都在高等教育领域发挥作用。在博士生培养方面，不同类别的群体对博士生培养及其质量存有不同的理解，各利益相关者群体的博士生培养质量观主要体现了该群体的主体需求，这也是导致博士生培养质量观多元化的重要因素。政府更加注重从博士生规模、就业与效益的角度评价博士生培养质量；大学则着重从博士生的科研成果，如论文发表数、专利获得等情况来衡量博士生培养质量；博士生则从对博士学习经历是否满意以及个人的就业情况对博士生培养质量做出评价；市场则以博士生的科研能力、解决问题的能力、团队协作能力等方面作为评价博士生培养质量的重要指标；而学术共同体仍然坚守以知识上的原创性贡献作为博士生培养质量的主要标准。可以看出，不同评价主体都是从自身需求出发赋予博士生培养质量不一样的理解和阐释，而外因要通过内因起作用，大学及其博士生培养项目需要不断改进博士生培养质量以应对外在的如政府、市场对博士生培养质量的问责和评价，因而必须将目光转向博士生培养内部即不断改善博士生的学习，这也促使博士生培养质量观在评价模式上进一步转向。

2.3　博士生培养质量的评价实践

随着问责制的进一步推动以及博士生培养的众多利益相关者对博士生培养质量信息透明化的需求，政府、学界以及民间组织开展了大范围的甚至是常态化的博士生培养质量评价活动。从历史的维度回顾这些评价实践，关注博士生培养质量评价的价值取向、内容和技术的变迁，是本书从实践的角度理解博士生培养质量观的一个重要契机。

由于博士生培养质量评价活动多是作为管理博士生教育的一种手段，而评价活动与一国的管理体制之间有着千丝万缕的关系，因而在对博士生培养质量评价活动进行回顾和梳理时，必须考虑各国政治体制的不同特点。总的来说，依据政府在高等教育中扮演的角色不同，可以将其分为分散控制模式、合作伙伴模式和中央集权模式①。分散控制模式形成于美国，其特点是大学由分散的教育行政部门控制，大学本身对自我发展有很大的调控空间，以及市场对大学的发展有较大影响；英国则是合作伙伴模式的典型，政府与大学、学者、学生和社会在高等教育的发展中权力共享，在各方利益发生矛盾时通过协商的方式

---

① 夏人青.欧美国家高校与政府关系的比较研究 [J].北华大学学报（社会科学版），2003，4（12）：58-59.

解决；中国是中央集权模式的代表，政府的权力体现在全国的高等教育规模基本由中央政府确定、高等院校基本由公立高等院校构成、政府能像配置公务员一样配置高校教师、任命高校干部且完全承担对高等教育的财政支持。政府与高校关系的不同也使得政府主导的博士生培养质量评价活动呈现出不同的特点，以下分而述之。

2.3.1 美国的博士生培养质量评价实践

与美国特有的"分散控制模式"相适应，美国的博士生培养质量评价具有以下特点：第一，美国研究生教育需要向外界公布评估信息，如公立院校须向政府部门、认证机构、法律组织提供评估数据。第二，联邦政府和州政府对于高等教育的管理是间接的，主要采取立法、专项资助的方式对博士生教育进行干预，如1992年《高等教育法》修正以来，联邦政府要求全美六大高等教育区域性认证机构将学生的学习结果作为认证的一部分，对本科学历层次以上的高等教育质量认证主要通过考核学生的学习质量来实现。同时，在对博士生教育进行资助时，将博士生培养质量的绩效评估与资金捆绑在一起，要求获得资助的院系跟踪学生进步，并需要提供证据证明学生进步与获得资助之间的相关性。第三，正是在这样高度自治的背景下，大学本身在博士生培养质量评价方面有很大的自主权，最初的质量评价也是高等教育内部自行开展的。第四，有关博士专业质量的排名蓬勃发展，成为学生选择学校和专业时的重要依据。

首先，院校认证和专业认证是美国博士生教育质量保障的基石，这两种认证制度在质量保障方面互为补充。院校认证的内容虽然也涵盖专业课程及其质量情况，但并不像专业认证那么详尽，而与博士生培养质量息息相关的是以专业综合实力为评估依据的专业认证。通过专业认证，表明达到了可接受的最低标准的质量保证。

其次，在高等学校外部，学术团体、专业协会等组织开展的博士点质量评价为博士生培养质量提供信息。1925年，时任美国学院协会主席的Ray-mond Hughes采用声望评估法对大学博士点进行评估并排名拉开了美国博士点评估的序幕，尽管这次评估的初衷是帮助大学寻找合适的大学教师人选，但此次调查对博士生质量评估产生了深刻影响。由于博士生的学术成长受到导师的学术水平、学术声望及由此带来的学术资源以及培养机构学术氛围的影响最大，博士点评估往往被作为博士生培养质量的重要依据，这反映了早期博士生培养质量评价的偏好。1925—1995年，美国几乎每5年进行一次全国范围的博士点质量评估，评估方法和指标也从单一的依赖主观判断的声望评估发展到以声誉调查结果为主，包含博士点规模、毕业生特征、图书馆规模、研究资助、出版记录等指标的多维评估①，如，评价数据的来源更加丰富和广泛，可靠性更强。美国大学联合会（Association of American Universities）也在 1998 年组织成立了研究生教育委员会，从定量数据（如博士生毕业率、攻读博士学位年限等）、政策分析以及博士生资助三个方面对各成员高校的博士点质量进行评估，并提出了改进建议。通过博士点评估所获取的博士生质量有关信息是社会及公众了解博士生培养质量的主要窗口。

再次，大学排名蓬勃发展。在众多的博士专业质量排名中，影响最大的属美国国家研究委员会组织的全国博士专业质量排名。美国国家研究委员会分别于 1982 年、1993 年、2005 年组织了全国博士专业质量的评估。在评估指标的选择上，1982 年美国国家研究委员会开展的博士专业质量评估选择博士点规模、博士生情况、博士点声望、图书馆情况、研究生工作、论文发表 6 项一级指标，1993 年的评估在此基础上增加了教师的科研成果、科研经费等定量指标，到 2005 年发展到包含专业教师的学术生产力、博士生教育的有效性、研究资源、博士专业的特征、博士可获得的资源及博士生和教师的特征等兼顾定性与定量的评估指标，评价主体也从核心教师扩展到包含核心教师的一般教师、退休教师以及博士生群体。总体看来，大学排名更加侧重博士教育中师资质量的特征，这当然对衡量博士生培养质量有十分重要的意义，但这不能全面地反映博士生培养的综合质量。

最后，关注博士生在读经历和学习进步成为博士生培养质量评价的重要趋势。在大学内部，研究生院与各院系办公室共同致力于监控、收集博士生的学业完成率和获得学位用时等数据，并据此考量博士生教育质量。这种评估方法确实可以从总体上了解博士生培养的大致情况，但对是什么原因阻碍了博士生完成学业、各专业博士生的学习结果如何、培养单位又该如何改进等问题则不得而知。以关注博士生的经历和在读期间的学习进步为重点的博士生质量评估便能很好地回答以上问题。早在 1920 年，美国国家民意调查研究中心（National Opinion Research Center）就开展了一项"博士学位获得者调查"，调查内容涉及博士生教育背景、资助来源及是否计划从事博士后研究，还采用描述性研究的方法对博士生的在读经历与毕业后的第一份工作经历进行描述研究。尤其到 20 世纪 90 年代后期，博士教育质量的重心已全面转移，更加注重从实施博士生教育的具体院系层面关注学生达成培养目标的学习进步，以改善

---

① 陈洪捷. 博士质量：概念、评价与趋势 [M]. 北京：北京大学出版社，2010：56-76.

博士生培养质量。最具代表性的是 2003 年开始实施的卡内基博士生调查行动，整个调查行动持续两年，参与院系达 84 所。参与调查行动的基金会工作人员帮助院系采用整体分析方法，将博士生教育的各项绩效表现同既定的博士生培养目标进行对比，重视各相关评估信息的结果解释，并根据结论提出改善博士生培养质量的建议。

2.3.2 英国的博士生培养质量评价实践

固守精英教育的传统使得英国博士生培养十分重视科学研究和学术训练，其培养目标指向大学教师和科研人员，对博士生培养质量的评价也主要依赖于对博士学位论文的测评。20 世纪 90 年代以来，英国政府更加关注博士生的培养成本，评价标准也发生了变化，如英国科学研究委员会和高等教育基金委员会将博士生学位完成率和完成学位时间作为衡量博士生质量的评价指标①。同时，随着博士生教育规模进一步扩张，而大学和科研机构能提供的学术职位非常有限，就业多样化的现实导致博士生培养需要对社会需求做出回应。尽管英国在培养研究型博士的同时还增设了复合型博士、应用型博士等类别，但近一二十年来，各类大学在博士生培养目标方面呈现出融合、趋同的趋势，几乎都强调培养促进经济与社会发展的高级人才②。这使得原本单一的学术评价标准需要考虑学生的期望和雇主的需要。如 2002 年发布的罗伯特报告（Robert Report）就从学生和雇主的角度做出如下评价："高等教育机构没能适应潜在学生的期望和在读学生经历的变化，也没能为学生从事学术以外的职业做好准备。"③ 就业的多样化需要博士生在获得专业知识的同时具备可迁移的研究技能和与职业相关的学术之外的技能，这些技能的获得成为衡量博士生培养质量的重要指标之一。同时，英国博士生培养质量评价也更加关注博士生的学习体验，如英国注册公司高等教育研究院（The Higher Education Academy）设计了PRES 问卷（Postgraduate Research Experience Survey），并于 2007—2011 年对研究生展开大规模调查，其中，2011 年所调查的研究生规模达到 31 202 人，覆盖 102 所大学。PRES 问卷内容涵盖了学术指导、技能发展、学术氛围、目标

---

① 饶燕婷. 挑战与变革：20 世纪 90 年代以来英国博士生教育的改革动向 [J]. 学位与研究生教育, 2010 (3)：67.

② 陈学飞. 西方怎样培养博士：法、英、德、美的模式与经验 [M]. 北京：教育科学出版社, 2002：99.

③ ROBERT S G. Set for success：the supply of people with science, engineering and technology skills [J]. Hm Treasury, 2002, 49 (3)：24-25.

与标准、论文修改与答辩、专业与职业生涯几个方面①，通过测量研究生对他们的学习体验给予的评价来反映研究生教育培养质量的整体情况。

另外，一些中介机构也在法律和政府政策的框架内对博士生培养质量进行评价，目前，相关评价主要由高等教育质量保障署（QAA）来完成。QAA 的责任是通过建立高等教育质量标准来维护公共利益，并重新审核标准及质量，以达到高等教育质量的持续改进②。如 QAA 规定了博士学位的质量标准，包括：创造和解释新知识、进行原创性的研究、拓展了已有研究并通过同行专家的评审，对撰写的论文择优出版；系统获取和理解本专业领域前沿的知识体系；具备构思、设计、实施研究项目以生成新知识的能力，应用、理解前沿知识对研究项目的设计进行调整以应对突发问题；具备实施研究调查的技能③。此外，QAA 还从博士生培养的目标、学位内容、结构及多样性、博士成果及评估和国际比较等方面对博士特征进行描述。

新闻媒体和民间组织开展的大学排名也是博士生培养质量的重要参考，其中影响最大的要数《泰晤士报》公布的英国大学排行榜和世界大学排名，世界大学排名的评价指标包括国际性、同行评议、雇主调查、教学卓越、研究卓越 5 个一级指标，数据来源较为可靠，社会认可度高。

2.3.3 中国的博士生培养质量评价实践

作为中央集权模式的典型，我国的博士生培养质量评价基本由政府推动。在质量标准方面，1980 年通过的《中华人民共和国学位条例》明确规定了博士学位授予的标准："在本门学科上掌握坚实宽广的基础理论和系统深入的专门知识；具有独立从事科研工作的能力；在科学或专门技术上做出创造性的成果。"1994 年以前的博士生培养质量评价主要表现为对博士学位授予点的审核评估，评价内容包括了学科专业方向、学科梯队、科研、博士生的培养和管理等。1994 年以后评价的类型逐渐多样，开展了对全国研究生院的评价、对博士学位论文的单项评价及包含声誉指标在内的全国性博士生质量调查等。如国家教委研究生办公室于 1995 年对 33 所试办的研究生院进行评价，评价内容有研究生培养及质量（德育、生源与研究生规模、博士生发表论文、博士生学位论文、对毕业研究生的评价）、学科建设及成果（重点学科数、导师队伍、

---

① PARK C, HANBURY A, KULEJ M. Postgraduate research experience survey 2007 final report [R]. The Higher Education Academy, 2007：6.

② 钟昌红. 研究生教育质量评价的理论与实践研究 [D]. 北京：北京理工大学，2011：42.

③ 钟昌红. 研究生教育质量评价的理论与实践研究 [D]. 北京：北京理工大学，2011：44.

科研经费、论文发表、获科研奖励情况）和研究生院机构建设。1999 年，教育部启动全国优秀博士学位论文的评选，每年评选出不超过 100 篇的优秀博士论文给予表彰和奖励。2003—2005 年"中国学位与研究生教育发展报告"课题组对研究生培养质量进行调查，其中对博士生培养质量的评价引入声誉指标，即让博士生导师和研究生院负责人主观判断与 5 年前相比博士质量是否有提高[①]。2007 年，国务院学位委员会、教育部、人事部成立中国博士质量分析课题组，对我国博士生质量进行调查分析，整个评价包含对博士生培养质量的评价和对博士生毕业后的发展质量评价，其中对博士生培养质量的评价包含博士学位论文质量的评价，博士生、博士生导师和研究生院负责人对博士生培养质量的主观评价和对博士生学术贡献的评价。此外，大学排名也是了解博士生培养质量的重要依据之一。对研究生教育水平进行排名的有广东管理科学研究院武书连等的《中国大学评估》、上海交通大学高教研究所发布的《世界大学学术排行》、武汉大学邱均平等的《中国研究生教育评估报告》等。

2.3.4 对博士生培养质量评价实践的分析

综上所述，博士生培养质量的评价实践涉及的评价主体包括政府、社会和大学，体现了评价主体的多元性。在"分散控制模式"的美国，大学是重要的博士生培养质量评价主体，大学及研究生院一方面监控、收集博士生的学业完成率和获得学位用时，另一方面也在关注博士生的经历和在读期间的学习进步；社会对博士生培养质量的评价主要通过认证和民间组织排名的方式进行，政府则通过立法强调博士生学习质量是博士生培养质量的重要体现。在"合作伙伴模式"的英国，政府将博士生学位完成率和学位完成时间作为评价标准，并适时考虑学生和雇主的需要；具有官方背景的中介机构规定了包括原创性贡献和学术能力的博士学位质量标准以供参照；民间组织积极开展大学排名作为评价博士生培养质量的依据。在中国，政府规定了博士学位授予的标准，包括知识掌握、科研能力和原创性贡献，由政府发起的全国博士质量调查，其中的博士生培养质量涵盖博士学位论文质量、博士生的学术发表和获奖以及博士生、博士生导师、研究生院负责人对博士生培养质量的评价，一些研究机构也发布了研究生教育质量排名。

可以看出，政府及其具有官方性质的中介机构对博士生培养质量的评价主

---

① 中国学位与研究生教育发展报告课题组. 中国学位与研究生教育发展报告: 1978—2003 [M]. 北京: 高等教育出版社, 2006: 71.

要体现的是基于效益的博士生培养质量观和原创性贡献质量观及学术训练质量观的融合，并兼顾基于社会化理论的质量观；大学及其研究生院对博士培养质量的评价体现的是基于效益的博士生培养质量观和基于改善学习的博士生培养质量观；社会没有对博士生培养质量直接进行评价而是以博士点质量作为博士生培养质量的依据。可见，在博士生培养质量的评价实践中，不同质量观的选择与不同的评价主体和不同的评价目标相联系。

2.4 启示

如上所述，在分析不同的博士生培养质量观时不能简单地判定某一种或几种博士生培养质量观是正确或者科学的，而其他的博士生培养质量观是错误或不科学的，确立适合的博士生培养质量观必然要在明确评价目标的基础上考虑不同评价主体的需要。因此，在选择和确定跨学科博士生培养质量观之前，首先要明确评价跨学科博士生培养质量的目标以及不同评价主体的需要。

跨学科博士生培养是当前博士生培养的一个新趋势。从国内外的经验来看，跨学科博士生培养多是高校依托自身的强势学科群，通过将来自不同学科的教授和博士生集中于一个课题组，围绕某个明确的跨学科研究主题进行。在这里，博士生有机会跟随不同的教授学习，能接受多方面的课程和科研训练，在参与跨学科课题研究的过程中完成博士论文的撰写。可以看出，跨学科博士生培养是高校自主的行为，对跨学科博士生培养质量进行评价的主体是大学，评价的目标之一是大学能准确地掌握本校跨学科博士生培养质量的整体情况。鉴于西方许多研究性大学开展跨学科博士生培养的经验更加丰富、相关培养制度已经建立，相比之下，我国的跨学科博士生培养尚处于起步阶段，对跨学科博士生培养质量进行评价能为培养质量的进一步改进指明方向。此外，大学作为评价主体，一方面期望跨学科博士生取得更好的学术成绩；另一方面还要对经济社会的需求做出回应，反映的是跨学科博士生培养的职业性。

3 博士生培养质量的多元分类评价

博士生培养质量是一个多维且具有丰富内涵的概念，其质量评价需考虑多方面的因素。研究发现博士生培养质量评价不仅有学科差异，不同类别的博士生培养质量评价也有所不同，通过对不同学科门类的博士生培养质量评价和不同培养目标的博士生培养质量评价进行分析，能对跨学科博士生培养质量评价得出有益的启示。

3.1 基于不同学科门类的博士生培养质量评价

学科是知识发展到一定程度的产物，是专门化了的相对独立的知识体系。学科的特点往往决定了该学科博士生培养质量评价的标准和内容。一方面，作为知识类别的学科，拥有明确的研究对象和范围，形成了相对系统的概念体系，有独特的解决问题、形成理论的研究方法；另一方面，学科还表现为一种知识生产制度，它不仅规定了不同知识领域的边界，还在知识传授的过程中显现出规训的特征，即学习者不仅获得了显性的学科知识，同时还习得了与本门学科知识属性相联系的学科文化，通常表现在各学科都倾向于某种学术风格，学科成员只有采用恰当的风格才能获得认可。这种学科文化使得依托学科的人才培养不仅具有培养人的教育学性质，还存在"约束"的社会学特征。正是这种"约束"的特征使得博士生培养的目标在于造就各个学科的守门人，因而学科本身的特点成了学科框架内博士生培养的重要印记。

3.1.1 人文社会科学与自然科学博士生培养的特点及其质量评价

基于知识的学科分类方式多种多样，在知识分类史上出现了许多不同的知识分类理论。早在古希腊时代柏拉图就将知识分为对思想本身进行考察的理性知识，对物理、天文现象进行考察的自然知识和以社会作为研究对象的伦理知识，开创了知识分类的先河。随着包罗万象的哲学不断分化，近代科学诞生，对科学知识进行分类的尝试逐渐兴起。现行的对学科知识的分类影响最大的是人文社会科学与自然科学的二元划分。德国哲学家 Wilhelm Dilthey 认为研究对象的性质决定学科类型，提出将学科划分为人文社会科学和自然科学两类。

自然科学的研究对象是自然界，是独立于人之外的客观物质和现象，这就意味着认识主体和研究对象可以相对地被分离。自然科学主要采用理性和实证的方法，通过证实或证伪的方式检验理论，在研究过程中常常运用经验归纳和假设演绎的逻辑[①]，在客观现象中寻找共性，以发现自然的普遍规律。自然科学的知识体系也具有普遍性和共性，由系统而精密的理论构成。自然科学类的博士生培养也与上述特点相适应，其价值无涉的特性使得博士生培养过程注重基础学科和相关学科知识的掌握及研究方法的学术训练，强调采用"做中学"的方式培养学生。由于自然科学类的学科范式已发展得相当成熟，论文、专利成为常见的科研产出形式，对其博士生培养质量的评价通常采取科学计量法判断博士生的科研能力。

人文社会科学是人文学科和社会科学的总称，其研究对象共同指向人和由人组成的社会，包括历史的社会和现实的社会。与自然科学相比，人文社会科学的研究对象更为复杂，兼具主观性与客观性。人文社会科学虽然借鉴了许多自然科学的方法，但仍然重视如直觉、体悟等偏向主观的方法，其形成的知识体系也通常表现为各门各派的"意见之争"，而没有绝对意义上的正误真伪之分。正是研究者的价值关联使得人文社会科学类的博士生培养呈现出与自然科学类不同的特征。对人文社会科学类博士生培养质量的评价，更加重视博士生知识积累的深度和广度，以及博士生批判性思维的养成。如在课程评价方面，关注课程设置对于理论与方法的兼顾、课程的跨学科性；教学内容是否广泛，是否注重经典知识和学科前沿，教学方法是否有助于博士生批判性思维的形成等。在科研能力评价方面，强调创新能力、言语表达能力、语言理解能力、逻辑推理能力和感悟力的发展[②]。

3.1.2 文理工农医管六大类别博士生培养质量评价的标准与内容

1997 年 6 月，国务院学位委员会、国家教育委员会颁布了《授予博士、

---

① 李醒民. 简论科学方法 [N]. 光明日报, 2001-05-8.
② 孟万金. 研究生科研能力结构要素的调查研究及启示 [J]. 高等教育研究, 2001 (6): 60.

硕士学位和培养研究生的学科、专业目录》，该目录是我国审核授予学位学科和专业范围划分的重要依据。该目录设置了哲学、经济学、法学、教育学、文学、历史学、理学、工学、农学、医学、军事学、管理学 12 大学科门类，而"文理工农医管"则是对以上学科门类除军事学外的简称。有关博士生培养质量的标准，一般都体现在以下四个方面：对本门学科基础知识和学科前沿的掌握和了解；具有独立从事科学研究的能力；开展原创性的研究，获得同行满意的评价，并达到公开发表的水平；具备未来就业所必需的技能和品格。各学科门类博士生培养质量评价的具体标准因学科知识本身的特点及其应用情境各异，在以上几个维度上的具体表现有所不同。

"文理工农医管"六大学科门类，因研究对象和方法的不同，除需要掌握的知识存在学科特点外，能力的培养也各有侧重。文，是对人文社会科学的简称，文科类博士生培养质量评价重博士生知识面与理解力、批判反思能力、表达和交流思想的能力等特征已在前文叙述；鉴于理科类偏重计算、对逻辑思维能力和推理能力要求很高的特性，对理科类博士生培养质量的评价除重视相关学科知识的掌握外，还特别注重博士生的逻辑推理能力、问题解决能力、数字运算能力等方面的达成情况；与理科重计算的特征不同，工科类面向产品的特性决定了工科博士在攻克许多工程技术问题时需要考虑诸多影响因素，因而更加重视培养博士生的动手能力，对工科类博士生科研能力评价的维度也集中在问题解决能力、动手操作能力等方面；医学博士培养的目标是造就学术科研型的医学高端人才和临床第一线的医生，医学博士生培养质量的评价在注重创新能力、学习能力的同时更加强调博士生在执行能力、专业技能、临床能力、理论联系实际的能力等方面的达成。

农学博士要面向农业生产实践，更加重视培养田间和实验室的综合实验技能、样品采集和测定技能、较高的协调合作能力等；管理学是应用性社会科学的代表，管理学博士生更侧重于基本的现场调查技术、数据统计分析、理论建模等能力的培养。

3.2 科学博士与专业博士的培养质量评价

人才培养的类型不同，相应的人才培养质量及其评价也就各异。这是由于不同的人才培养类型规定了具体的人才培养目标，而人才培养目标常常是人才培养质量评价的重要依据。近二十年来，发生在博士生教育领域的最显著变化有教育博士、工程博士、工商管理博士、临床医学博士等专业博士教育的兴起。为与专业博士学位相区别，传统的研究型博士学位被称为科学博士学位。早在1921年，哈佛大学就授予了第一个专业博士学位——教育博士，该学位以教育领域的工作人员为招生对象，采用在职的学习方式，要求学位论文的选题紧密围绕教育领域中的实际问题，对学位论文质量的要求体现在对实际问题的解决上①。教育博士学位培养的博士生是面向实际工作岗位的高级人才，侧重培养博士生解决实际问题的能力。随后，英国、澳大利亚、中国也纷纷开设教育博士专业学位。工商管理博士的培养目标与教育博士相似：要求博士生应用已有的理论和知识，对所在商业领域的实践工作做出贡献，在招生对象的选择上也主要招收有重要工作经验的人。工程博士的培养目标也同样侧重培养博士生的实践能力，如我国《工程博士专业学位设置方案》中这样描述工程博士学位获得者："工程博士学位专业获得者应具有相关工程技术领域坚实宽广的理论基础和系统深入的专门知识；具备解决复杂工程技术问题、进行工程技术创新以及规划和组织实施工程技术研究开发工作的能力；在推动产业发展和工程技术进步方面做出创造性成果。"除上述几种专业博士类别外，许多国家还设置了临床心理学博士，并明确规定了临床心理学博士培养的目标，如英国这样阐述：临床心理学博士学位获得者要像临床心理学家一样工作，成为熟练的专业人员；通过系统应用心理理论和临床实践知识，减轻客户的心理压力，提高客户心理健康水平；以理论知识为指导清晰地描述病情，并实施心理干预和评价工作；在不同背景下与一系列客户有效地开展合作；通过间接的方式有效改善客户的心理健康；理解并接受专业目标及其哲学含义；进行发展专业知识的研究，以提高工作的有效性；批判性地反思，在新的背景下提高知识和技能的转移②。

人才培养类型决定了人才培养目标，使得人才培养质量评价的内容与标准也不尽相同。从各专业博士学位的培养目标可以看出，与科学博士学位博士生培养质量评价侧重知识原创性的学术标准不同，专业博士学位博士生培养质量评价更加重视博士生的实践能力和理论联系实际的能力，以解决重大实践问题作为评价的重要标准。专业博士学位获得者应该具有以下能力③：在缺乏完整

① 邓光平. 国外专业博士学位的历史发展及启示 [J]. 比较教育研究, 2004 (10): 27.

② BROOMFIELD N M, CAMPBELL E A. Modularisation and credit rating of the doctorate in clinical psychology [J/OL]. [2021-03-21]. http://www.goa.ac.uk/media/media_60687_en.pdf.

③ TAYLOR J. 质量和标准: 专业博士教育面临的挑战 [J]. 庄丽君, 译. 学位与研究生教育, 2010 (10): 62.

数据时，能对学科领域内的复杂问题做出正确判断，并能与专业人士、非专业人士开展清晰、有效的交流；继续承担理论型和应用型的研究项目，并为新技术的产生做出实质贡献。

专业博士不仅在培养目标上与科学博士相区别，其特殊的质量评价和控制还体现于整个博士生培养过程。以英国的专业博士为例，在课程设置方面，与学科知识相关的课程约占 1/3，与研究方法训练相关的课程约占 2/3，并且十分注重研究方法的教学，采用基于小组的模块化教学的方式，将研究方法的训练与专业实践中的问题紧密结合起来，其目的是使专业博士能将研究方法规范运用于专业实践之中。在导师指导方面，导师一般具有相关专业背景，一些工程博士学位还采用大学与工业界联合培养的方式，由企业界指定专门的专业博士生导师。博士生培养的各个环节都反映出专业博士强调专业实践的特点，且不同学科领域又有不同的要求。学科领域本身有极强实践性的专业博士培养更加重视应用和实践能力的训练，职业导向性更强。如临床心理学博士在整个学习期间有一半的时间都在临床实习，实习内容涵盖十分广泛，除学校导师外，实习导师的指导也尤为重要，且实习单位专业导师的报告被作为质量评价的重要依据；工程博士是为工作多年的工程技术人员胜任企业管理岗位而设，与岗位要求相适应，其模块化课程包含了工程技术类的专业课程和管理类的职业发展课程，采用学术导师和参与联合培养企业所选的企业导师共同指导，在整个学习期间，学生有 3/4 的时间在联合培养的企业中度过。而学科领域知识理论性较强的专业博士培养则更注重研究方法的规范运用，并要求对所研究领域的知识做出贡献。如教育博士主要通过课程获取广泛的知识，同时更加关注与学生特定工作背景相关的领域，使得学生能使用适合的研究方法开展研究。

3.3　对跨学科博士生培养质量评价的启示

如上所述，博士生培养质量评价需要考虑到学科差异与培养目标差异。首先，博士生培养活动是在具体的知识领域中进行的，博士生培养机构从本质上讲是一个知识组织。知识，作为最重要的基础性因素，影响着博士生培养的方方面面。博士生培养质量的评价标准需要考虑以学科为载体的不同知识分类的特点。其次，博士生培养质量，归根结底是人才培养质量，人才培养的目标不同，其质量评价的标准和侧重点也有所不同，博士生培养质量评价必然需要对不同人才类型的特点做出回应。同样地，对跨学科博士生培养质量进行评价也需要考虑不同的跨学科领域知识的特点和跨学科博士生培养目标的特殊性。

3.3.1 跨学科博士生培养质量评价需要考虑不同学科领域的差异

通过以上的分析可以看出，无论是科学博士还是专业博士的培养，学科领域本身的特点都对博士生培养质量评价的具体内容有重要影响。跨学科研究虽然横跨了两个或多个学科，但跨学科研究问题所在的知识领域无论是知识结构或是研究范式等都有较大的差别，如人文社科领域跨学科研究、医学领域跨学科研究、理工领域跨学科研究都各有特点，不同领域的跨学科博士生培养也各有不同。在对跨学科博士生培养质量进行评价时应该考虑其知识领域的特点，遵循知识本身的逻辑。

3.3.2 跨学科博士生培养质量评价需要与跨学科博士生培养目标相适应

跨学科博士生培养的兴起主要源于学科发展的动力和劳动力市场的需求。一方面，科学研究由高度分化走向交叉综合，研究对象的整体性和复杂性使得学科之间的交叉与融合更加频繁，跨学科研究已经成为科学技术取得突破性进展的增长点。学科发展的新趋势迫切要求依托跨学科开展博士生的培养，以期在学科交叉领域取得创造性成果。另一方面，随着知识经济时代的到来，知识与技术的革新更加依赖于跨学科的知识情境和不同学科人才的通力合作，而跨学科博士生的培养正是对这一变化的适应，其培养目标指向在跨学科情境中工作的工程师和业界领军人才。一些资助跨学科博士生培养的组织常采用"视野宽广、能力强、有创新创业精神和品格、学术界和工业界的领军人才"等来描述跨学科博士生培养目标。如美国国家科学基金会于 1997 年启动的"研究生教育与科研训练一体化（Integrative Graduate Education and Research Traineeship）"计划，专门资助跨学科博士生培养项目。该计划希望帮助博士生获得跨学科研究与学习的能力，将他们培养成为具有宽广的交叉学科知识背景、卓越的专业技能、良好的团队合作精神和优秀创新品格的跨学科人才，成为未来的科学家和工程师[①]。北京大学于 2005 年成立前沿交叉学科研究院，为跨学科研究和跨学科人才培养提供组织保障，其重要目标之一就是培养视野宽广的跨学科复合型人才。华中科技大学于 2009 年成立创新研究院，提出要努力培养一批学术视野宽广、综合能力强、富有创新创业精神的优秀拔尖科研人才。综上，跨学科博士生培养的目标是把博士生培养成为具有跨学科知识背景、跨学科创新能力和跨学科研究能力的学界和工业界领军人才，这一特殊的培养目标应该作为质量评价的重要依据。

---

① HARTESVELDT C. Integrative graduate education and research traineeship［M］. Springer International Publishing, 2016.

4 跨学科博士生培养质量评价指标体系的建构方案

建立一套科学的跨学科博士生培养质量评价指标体系是十分必要的，尤其在当前各国对跨学科科研和跨学科创新人才培养十分重视的大背景下，对跨学科博士生培养质量评价指标体系开展研究，更富有时代意义和战略意义。跨学科博士生培养质量评价指标体系的建构需要解决如下几个问题：第一，评价指标体系的建立总是在一定的价值体系的指导下进行的，不同博士生培养质量观的涌现便是其例证，那么，跨学科博士生培养质量评价指标体系应该依据什么样的价值取向来指导其构建？这需要结合该指标体系建构的目标进行综合考虑。第二，指标体系的构建并不是单个指标的简单堆积，所形成的指标体系必须能综合反映跨学科博士生培养质量的整体状况，这就需要弄清楚指标体系的含义、结构要素以及构建所遵循的原则。第三，制度化的跨学科博士生培养常在院系之外进行，其整个培养理念、培养过程都与在学科院系框架内的博士生培养十分不同，这为跨学科博士生培养质量的评价带来了挑战，为此，需要进一步寻求解决思路，针对我国跨学科博士生的培养现状和阶段，探究出适合跨学科博士生培养特点的质量评价指标体系建构方案。

4.1 跨学科博士生培养质量评价指标体系构建的价值取向与目标

对质量进行评价的过程，归根结底就是价值判断的过程。质量评价活动总是受到价值的影响，是以一定的价值取向为指导，从自身需要出发，进而对价值做出选择和判断的过程。那么，何谓价值？价值，通常理解为客体满足主体某种需要所形成的关系。价值具有客观实在性，即客体属性是客观存在的，但同时，价值离不开主体需要，只有当客体属性满足了主体需要时才能形成价值关系。

4.1.1 跨学科博士生培养质量评价的价值取向：学术与职业准备并重

构建跨学科博士生培养质量评价指标体系的第一步，便是要确立跨学科博士生培养质量评价的价值取向，也就是应该持有什么样的价值观来指导该评价体系的构建。博士生培养质量的价值取向可以概括为以下几种：一是学术性价值取向，这是博士生教育开展之初的价值追求，也是博士生教育最本质的价值体现，探究高深学问、促进新知识的产生、培养具有探究精神和科研素质的学科守门人是博士生教育永恒的追求。实践证明，随着博士生教育的发展，价值取向多元化的趋势渐显，学术性价值取向的地位和具体表现虽然在不同时期有所不同，但其精神实质仍然是博士生培养质量评价价值取向的重要组成部分。二是社会价值取向，随着博士生教育与社会经济发展、国家利益的联系日益紧密，博士生教育在坚守学术取向的同时还需要回应国家、社会及其他利益相关群体的诉求，所培养的博士生需要促进国家和社会的发展，社会价值取向正是博士生培养对国家和社会需求的回应。三是个体价值取向，在社会价值取向一度占据主导地位之后，个体的价值需求得到关注。博士生培养质量评价的个体价值取向是指博士生培养更加关注博士生个体的需要，博士生培养的目标旨在提高博士生的学术能力和其他相关能力，更加关注博士生在学习阶段取得的进步，并致力于提高博士生对整个博士生培养过程的满意度。

本书第二章对博士生培养质量观的演进进行了回顾和分析，研究表明，不同质量观的选择与不同的评价主体和评价目标有关。跨学科博士生培养质量评价的价值取向选择必须要考虑跨学科博士生培养质量评价主体的需要和对跨学科博士生培养质量进行评价的目标。为此，本书需要明确跨学科博士生培养质量评价的主体。从国内外的经验来看，跨学科博士生培养多是高校依托自身的强势学科群，通过将来自不同学科的教授和博士生集中于一个课题组，围绕某个明确的跨学科研究主题进行。在这里，博士生有机会跟随不同的教授学习，能接受多方面的课程和科研训练，在参与跨学科课题研究的过程中完成博士论文的撰写。可以看出，跨学科博士生培养是高校自主的行为，对跨学科博士生培养质量进行评价的主体是大学。大学对在本校开展的跨学科博士生培养进行质量评价，一方面需要遵循跨学科博士生培养的学术性特征，另一方面则需要对国家和社会对跨学科博士生的期望做出回应。因此，跨学科博士生培养质量评价的价值取向既要考虑跨学科博士生培养的学术性特征，又要考虑跨学科博士生的职业准备。在坚持学术性与职业准备并重的价值取向的基础上，还应关注跨学科博士生的学习体验。

4.1.2 跨学科博士生培养质量评价指标体系构建的目标价值

评价主体的需要决定了评价指标体系构建的目标价值。大学作为跨学科博士生培养质量评价的主体，要求所培养的跨学科博士生在具备带有跨学科印记的学术性知识和能力的同时，还需为走上工作岗位做好充足的职业准备。因此，跨学科博士生培养质量评价指标体系的构建需要同时体现学术性目标和职业性目标。

4.1.2.1 跨学科博士生培养质量评价的学术性目标

跨学科博士生培养质量评价的学术性目标，简言之就是所培养的跨学科博士生需要掌握相关的跨学科知识、具备跨学科研究的能力、能依托跨学科研究取得创造性成果。跨学科研究成为新知识产生的重要营地以及知识生产模式的转变是跨学科博士生培养兴起的重要成因。跨学科博士生培养的学术性导向与生俱来，跨学科博士是否获得跨学科研究所需要具备的知识和能力是跨学科博士生培养质量评价的一个重要标准。

跨学科博士生培养质量评价的学术性目标贯穿于跨学科博士生培养的全过程，这要求跨学科博士生培养质量评价至少在以下两个方面体现学术性：一是对培养结果的评价要体现学术性，这通常表现在将跨学科博士生在毕业取得学位之时是否获得了该跨学科领域的相关知识和是否具备跨学科研究能力作为评价的重要标准；二是对培养过程的评价要体现学术性，跨学科博士生的培养不同于传统学科框架内的博士生培养，培养单位需要为跨学科博士生提供跨学科学习和研究的经历和机会，各培养环节和过程是否有助于跨学科博士生研究能力的提高也是评价所需要关注的。

4.1.2.2 跨学科博士生培养质量评价的职业性目标

无论是从事"以学术为业"的纯粹研究还是投身于与科研有关的工作，随着学科间的进一步融合以及各个领域所出现的问题日趋复杂，一个问题的有效解决仅靠一人之力难以达成，而更加依赖于各成员间的协调与合作。如何与具有不同学科知识背景的其他成员有效沟通、合理分工、共同协作最终促成问题的解决是当前不可回避的难题，这也是开展跨学科博士生培养的初衷，反映的是社会对跨学科博士生提出的要求。因此，为跨学科博士生进入跨学科情境做好充足的职业准备是跨学科博士生的培养目标之一。

跨学科博士生培养质量评价的职业性目标同样应该体现在跨学科博士生培养的结果和过程上。在培养结果方面，跨学科博士生除应该具备与跨学科研究相关的知识和能力外，还应具备团队协作能力、沟通能力等与跨学科工作情境有关的职业能力，职业准备是否充分是跨学科博士生培养质量评价的标准之一。在培养过程方面，培养单位应该为跨学科博士生提供锻炼这些职业能力的机会和进入跨学科工作情境的经历，培养单位是否提供了这些机会和经历以及相关的培养环节对于跨学科博士生职业能力形成的促进程度也应成为跨学科博士生培养质量评价的重要依据。

4.2　跨学科博士生培养质量评价指标体系的含义、结构及构建原则

明确指标和指标体系的含义，并据此对跨学科博士生培养质量评价指标体系的内涵进行分析，同时进一步厘清跨学科博士生培养质量评价指标体系的结构要素和构建原则，是该指标体系构建的重要基础。

4.2.1　跨学科博士生培养质量评价指标体系的含义

运用指标对事物的现状、发展趋势及其相关问题开展评价和监测活动要追溯至 20 世纪 60 年代。随着指标和指标体系在理论研究和应用上取得巨大成就，指标作为评价、监测的重要手段被广泛地运用于各级管理和决策部门。

指标，是揭示和反映事物总体或局部特征的概念和数值。这说明指标包含了指标名称和指标数值两部分，分别指向事物质和量两方面的规定性。指标不仅包括了数量和数字，还包括质量和非数字的评价。因此，指标可分为客观指标和主观指标，客观指标是用来反映所研究的社会现象中客观存在的事物及其状况的指标，一般通过统计指标表现出来；主观指标则是反映人们对客观事物的感受、愿望、评价、态度等方面的指标，一般通过满意程度或评分的方式进行测定，主观指标在社会研究中有其特殊的重要作用[①]。社会指标一般具有如下特点：具体性，是指社会指标必须是具体的和明确的，对具体的事物以明确的规定性；计量性或数量性，即将复杂的社会现象变成可以量度、计算和比较

---

① 朱庆芳，吴寒光. 社会指标体系 [M]. 北京：中国社会科学出版社，2001：9-10.

的数字、数据，这里涉及的数量化尺度可以是多样的，一般有类别尺度、等级尺度、等距尺度和等比尺度；替代性，是指社会指标并不是社会现象本身，而是社会现象某个方面的替代物；解释性，表示社会指标在反映社会现象时注重于向人们进行解释和说明；理论与实际的结合性，是指社会指标通常是人们根据某种理论设计出来的，社会指标具有理论和实际的双重特点，是二者的结合①。

由于所研究的社会现象与社会问题的复杂性，简单使用几个指标并不能全面完整地反映社会事物，要达到研究目的，还必须建立适合的指标体系。指标体系并不是指标的简单拼凑，联合国统计处于 1975 年发表的《社会与人口统计体系》这样描述"体系"的含义："体系是由一些有规律的互相作用或互相依赖的形式联合起来的物体的聚集物或集合物。"② 可以看出，指标体系是一系列有内在联系的指标组合，科学的社会指标体系，是依据研究目的和研究对象的特征，把客观上存在联系、说明社会现象性质的若干指标加以分类组合而形成的社会指标体系。

跨学科博士生培养质量评价指标体系属于评价指标范畴，评价指标是具体化的、可测量的评价准则③，是对评价目标和评价标准的细化和具体化。评价是客观事物对主体需要满足程度的价值判断，这决定了评价同时涉及主观和客观两方面的因素。为此，对教育评价指标和教育评价指标体系进行研究需要考虑教育评价主体的需要和教育现象的客观属性。跨学科博士生培养质量评价指标体系应该反映评价标准和内容的具体规定，需要考虑评价主体的需要、跨学科博士生培养的特征、跨学科高端人才的培养规律和影响因素，主要涉及对跨学科博士生培养过程、培养结果、培养条件等方面的评价，是对整个评价目标的具体化。

本书所研究的跨学科博士生培养质量评价指标体系是依据跨学科博士生培养质量评价的学术性目标和职业性目标，同时结合跨学科博士生培养的特征和跨学科人才培养的规律及影响因素，把能够反映跨学科博士生培养质量各个方面的若干指标加以分类组合所形成的指标体系。

---

① 郑杭生，李强，李路路. 社会指标理论研究 [M]. 北京：中国人民大学出版社，1989：27-32.
② 转引于朱庆芳，吴寒光. 社会指标体系 [M]. 北京：中国社会科学出版社，2001：17.
③ 陈玉琨. 教育评价学 [M]. 北京：人民教育出版社，1999：34.

4.2.2　跨学科博士生培养质量评价指标体系的结构要素

如上所述，指标体系是相互联系的指标组合而成的有机整体，指标体系中各项指标的排列组合总是存在一定规律，其反映的是各指标间的内在联系，指标体系中各指标的排列组合方式就是该指标体系的结构。从形式上看，指标体系的结构多呈现树状，通常包含三个层级的指标，即一级指标（目标层）、二级指标（领域层）、三级指标（单项评估指标）。指标体系包含若干一级指标，各一级指标之间呈现并列关系，一级指标之下设置若干二级指标，二级指标之下设置三级指标，一级指标与二级指标之间、二级指标与三级指标之间是包含与被包含的关系。从内容上看，就质量评价指标体系而言，一般包括目标指标、过程指标和条件指标。目标指标与评价的目标紧密相关，反映的是研究对象的成果和质量水平；过程指标与实施过程密切相关，反映的是实施过程各环节质量保障的程度；条件指标则是目标达成所必需的条件和关键因素。

据此，跨学科博士生培养质量评价指标体系包含一级指标、二级指标、三级指标三个层级，其内容应该包括跨学科博士生培养质量目标指标（成果指标）、跨学科博士生培养质量过程指标和跨学科博士生培养质量条件指标三个方面。跨学科博士生培养质量目标指标，反映的是跨学科博士生培养的成果，也就是所培养的跨学科博士生获得的知识和能力处于什么水平；跨学科博士生培养质量过程指标，是对跨学科博士生培养各个环节质量的反映；跨学科博士生培养质量条件指标，是跨学科博士生培养目标得以实现的关键因子和客观条件。

4.2.3　跨学科博士生培养质量评价指标体系的构建原则

跨学科博士生培养质量评价指标体系的构建并不是单个指标的无序堆积和简单组合，而是需要遵循一定的规律和原则，最终形成一个能够反映跨学科博士生培养质量的指标集合。

4.2.3.1　指标体系构建的一般原则

指标体系构建的一般原则通常包括科学性原则、完备性原则、可行性原则和简约性原则。第一，科学性原则，意在强调对指标体系的设计和构建在理论上必须有科学依据，要体现理论与实践的结合，同时所采用方法也要具有科学性。这主要包含三层含义，分别是指标与目标的一致性，即依据一定的目的来设计和建构指标体系的各项指标，并确定指标的名称和取值在理论上要有科学依据、在实践上要切实可行，这就要求在确立指标前应认真分析研究对象的实质、结构和特征，根据其区别于其他事物的特征来设计指标，使设计的指标能准确反映目标要求和研究对象的特殊性；指标体系中各指标的相容性，是指指标体系中的各项指标需要协调一致，从不同方面反映目标和要求；各指标间的相对独立性，是指同一指标体系中的各个指标不能重复或出现等价指标，且同一层次的各项指标之间不存在包含、重叠和因果关系，而只能是并列关系。第二，完备性原则，是指指标体系应该全面、系统地反映整体要求，在指标体系的建构过程中要兼顾能反映整体不同侧面特征的指标，尤其对重要指标不能遗漏。同时，在坚持全面的基础上突出重点，指标体系中的各项指标必须具有代表性。第三，可行性原则，指指标体系要具有针对性、可测性和现实可行性。针对性要求指标体系的制定必须结合实际，与该指标体系的使用范围相符；可测性要求指标体系的各指标必须是可测量的，如果存在不可直接测量的内容，应该设立可测的间接指标；现实可行性则重在说明指标涉及的信息必须要易于获取，因此，设计指标时需要考虑获取相关信息的渠道是否畅通。第四，简约性原则，指标体系过于庞杂和烦琐，不仅使得信息的获取存在困难，还会影响指标体系使用的效率。在建构指标体系时，要抓住反映事物本质的关键性指标，剔除一些相关性不大、较次要的指标，达到指标体系结构的优化。

4.2.3.2 跨学科博士生培养质量评价指标体系构建的特殊原则

跨学科博士生培养质量评价指标体系用于大学评价本校开展的跨学科博士生的培养质量，评价主体和评价对象的特殊性给评价指标体系的构建带来了特殊的要求。除指标体系构建的一般原则外，跨学科博士生培养质量评价指标体系的构建还应遵循一定的特殊原则。

首先，跨学科博士生培养质量评价指标体系应该反映内部统一的培养愿景与评价标准。质量最终由利益相关者决定，大学作为跨学科博士生培养质量的评价主体，需要反映学术性目标与职业性目标并重的目标价值，那么，学术性目标和职业性目标具体表现在跨学科博士生获得的哪些知识和能力上？应该以什么样的评价标准来判断跨学科博士生是否获得了这些知识和能力？就跨学科博士生培养的过程质量而言，各培养环节应该在哪些方面有助于博士生培养目标的实现？跨学科博士生培养目标的达成，除培养过程的质量保障外，还需要哪些关键性条件？以上这些问题在大学跨学科博士生培养管理机构、跨学科博士生导师和跨学科博士生那里都可能找到不同答案，这就需要培养机构在内部形成统一的、体现利益相关者需求与期望的培养愿景和跨学科博士生培养质量标准，并以此为基础构建跨学科博士生培养质量评价指标体系。

其次，跨学科博士生培养质量评价指标体系应该反映跨学科博士生培养的特殊性。跨学科博士生培养的特殊性体现在两个方面：第一，跨学科博士生培养不同于依托传统学科框架进行的博士生培养。传统的博士生培养活动总是在以学科体系为划分基础的大学院系中进行，无论是培养目标、培养过程的各个环节，还是培养活动开展所需要的物质条件和其他关键因素无不烙上了学科的印记，培养学科守门人的指导思想贯穿始终。跨学科博士生的培养活动则与之不同，知识生产方式的转变、问题解决对跨学科知识的依赖以及不同学科知识背景的个体间合作更加深入都是开展跨学科博士生培养的重要动力。西方跨学科博士生培养经验显示，跨学科博士生的培养常在院系之外进行，其培养理念、培养过程、物质保障和其他关键条件都体现了跨学科博士生培养的特殊性。跨学科博士生培养的特点是跨学科博士生培养质量评价指标体系构建的重要依据。第二，不同领域的跨学科博士生培养也呈现出不同的特点。跨学科研究和跨学科博士生的培养并不意味着完全超越了学科限制，不同领域跨学科博士生的培养也因该学科领域知识的特点而有所侧重，呈现出不同的特征，因此，跨学科博士生培养质量评价指标体系的构建要适当考虑不同领域跨学科博士生培养的特点。

4.3 跨学科博士生培养质量评价指标体系构建面临的障碍

我国的跨学科博士生培养还处于探索和起步阶段，构建跨学科博士生培养质量评价指标体系还面临以下挑战：缺乏对跨学科博士生培养质量及其评价的理论分析；当前跨学科博士生培养质量评价的标准还较为单一；评价主要体现大学管理机构的意愿。

4.3.1 缺乏对跨学科博士生培养质量及其评价的理论分析

对跨学科博士生培养质量及其评价的相关理论进行分析是构建跨学科博士生培养质量评价指标体系的基础。然而，已有研究对博士生培养质量及其评价既有深入的理论分析又有评价实践的积累，相关成果已十分丰富，但并没有将跨学科博士生培养质量及其评价作为一个独立的主题进行研究。尽管对跨学科博士生培养项目的个案分析、对跨学科博士生人才特征的探讨、对跨学科博士生培养的现状及其改进的研究以及对跨学科博士生教育质量评价方法的探究都有助于对跨学科博士生培养质量及其评价的理解，但跨学科博士生培养质量包含哪些结构要素，跨学科博士生培养质量体现在不同结构维度上的独特内涵是什么，鉴于不同跨学科领域博士生培养有所侧重，不同领域的跨学科博士生培养质量评价是否也需要分类进行等一系列问题，都需要做进一步的理论分析，为跨学科博士生培养质量评价指标体系的构建提供科学的指导。

4.3.2 跨学科博士生培养质量评价的标准较为单一

我国一些研究型大学专门成立了跨学科博士生培养管理机构，负责开展跨学科博士生的培养。当前，管理机构对跨学科博士生培养质量进行评价的依据和判断标准还很单一，主要反映在针对跨学科博士生设置的毕业标准要高于普通博士生，即以文章发表的刊物级别和文章数量作为衡量跨学科博士生培养质量的重要标准。尽管管理机构对跨学科博士生学位论文需要通过由来自相关学科的专家组成的专家委员会的审定等做了一系列的规定，但就其严格程度而言，对文章发表质量和数量的规定仍然主导了跨学科博士生培养质量的评价标准。而文章发表的质量和数量虽然能够在一定程度上反映博士生的科研能力，但科研能力强并不能反映跨学科博士生掌握跨学科知识、习得跨学科研究能力的实际情况，也就并不能完全反映跨学科博士生培养目标的达成情况，同时也无法引导跨学科博士生培养质量的进一步提高。

4.3.3 评价主要体现大学管理机构的意愿

大学相关管理机构以文章发表作为评价跨学科博士生培养质量的重要标准，反映了大学对跨学科博士生应该具有比普通博士生更强的科研能力的期望。这是大学管理机构意愿的写照。而提高跨学科博士生培养质量的过程是一个全员参与的过程，形成一个内部统一、各相关方达成一致的质量标准是全员参与提高跨学科博士生培养质量的前提。评价作为质量保障的重要手段，如果只体现了管理部门的意愿，而置其他利益相关者的需求和期望不顾，其评价对真实情况的反映必定不全面，对质量的改进也无从谈起。跨学科博士生培养质量评价指标体系的构建，需要体现内部统一的质量评价标准，这就需要大学管理机构与跨学科博士生导师、跨学科博士生开展对话协商，力求达成相对一致的对跨学科博士生培养质量及其评价的看法。

4.4 构建跨学科博士生培养质量评价指标体系的思路

根据跨学科博士生培养质量评价指标体系构建的价值取向，遵循该指标体系构建的原则，针对当前指标体系构建面临的种种障碍，本书将跨学科博士生培养质量评价指标体系的构建程序确定如下：首先，以第四代评价理论作为跨学科博士生培养质量评价的指导思想，发展出基于第四代评价理论的跨学科博士生培养质量评价模式；其次，对跨学科博士生培养质量及其评价的相关理论进行分析，主要包括跨学科博士生培养的特征、不同领域跨学科博士生培养特点及其规律以及跨学科博士生培养质量影响因素等方面的内容；再次，根据理论分析完成跨学科博士生培养质量评价指标体系的初次建构；最后，对跨学科博士生培养质量评价指标体系进行再建构。

4.4.1 基于第四代评价的跨学科博士生培养质量评价模式

现代评价约始于 20 世纪 30 年代，发展至今，评价理论已历经四代理论形态。每一代评价都有其关注的焦点并形成了独特的理论建构。第一代评价源于 19 世纪末至 20 世纪 30 年代，其主要特点是技术性的"测量"，评价者的角色是技术性的，即应用专门技术开发测量的工具。最初的应用是通过标准化的测验收集数据以检测学生是否达到学校所制定的标准，而后发展出的智力测试被广泛应用于各个领域。第一代评价的"测量"属性与科学管理运动以及为人文社会现象研究贴上"科学"标签息息相关，技术性测量至今仍然存在。第二代评价出现于 20 世纪 30 年代至 50 年代后期，主要特点是目标导向的"描述"，评价者的角色是描述者。"八年研究"课题是第二代评估的典型。美国"八年研究"项目为了满足学生的需求而开设新的课程体系，其目的是证明经过新的课程训练的学生在大学依然能取得成功。评估程序是将期望学生达到的学习成果定义为目标，收集这些目标在项目中完成程度的信息，对这些信息进行优劣分析作为改进课程的依据，这个过程反复作用于课程，直到找到一个达成目标的课程表。第二代评价表明，评价应该是一个过程，而非几个简单测验，评价不仅报告学生的成绩，还要描述教育目标与教育结果的一致程度，从而发现问题，提出改进意见。第三代评价起于 20 世纪 50 年代后期止于 70 年代末，其主要特点是判断，评价者除具有技术性功能和描述性功能外，还扮演着评判员的角色，即将评价的目标本身看作一个问题，帮助制定判断的标准与目标。至此，评价的内容不仅包括目标的实现还包括了目标本身。古贝和林肯（Egon G. Guba & Yvonna S. Lincoln）认为前三代评价存在管理主义倾向、忽略价值多元性以及过分强调调查的科学范式三大缺陷，为弥补这些缺陷提出了第四代评价理论①。

4.4.1.1 第四代评价的主要内容②③

古贝和林肯将第四代评价称为响应式建构主义评价。因而"响应式"和"建构主义"成为第四代评价的关键词。第一，"响应式"的聚焦方式是针对前三代采用的"预定式评估"而提出的，前三代评估模型的共同特点是在评估开始之前就已经先验地构建了理论假设和参数，这个过程通常是由评价者自己确定或者通过与委托人之间的协商共同确定。"响应式"则与之相反，在评价初始，评价者并没有对评价的理论或假设进行先验构建，而是通过与评价相关的利益群体的互动共同协商来构建评价的框架和参数。第二，"建构主义"评价是作为一种与实证主义研究范式相对应的范式被讨论的，而不仅仅是实证主义的补充。萨利·比克伦（Sari Knopp Biklen）和罗伯特·波格丹（Robert Bogdan）界定了两种不同的自然主义（有时也称为建构主义）研究模式，一种是研究方法层面的建构主义，主要是对采用参与式观察、非正式访谈等非定量研究手段和技术的总称；另一种则是范式层面的建构主义，这在本体论和认识论上都与实证主义相对立，第四代评价关注的是后者。本体论问题可以概括为"我们所研究的现实的本质是什么"，实证主义的回答指向客观实在，这个客观实在依据本身的自然法则起作用。建构主义则认为这种实在是意识的建构，不同的个体有不同的建构，而"真理"则表现为那些最完善、最成熟并被一致认同的建构。认识论要解决的问题是认识者与认识对象之间的关系是什么。依据对本体论的回答，实证主义在认识论问题上主张主体—客体的二元主义，即调查者在研究某一问题时需要保持一定的客观距离，任何价值观都无法对其产生影响。简单而言，调查是不受价值影响的、是客观的。建构主义则否定了主体—客体二元主义，认为所认识的事物不能独立存在，调查者与调查其

---

① 古贝，林肯. 第四代评估 [M]. 秦霖，蒋燕玲，译. 北京：中国人民大学出版社，2008：2-9.

② 古贝，林肯. 第四代评估 [M]. 秦霖，蒋燕玲，译. 北京：中国人民大学出版社，2008：14，51-56，133，191-193.

③ 由于翻译的原因，对第四代评价内容的阐述出现了"评价"和"评估"两种表达方式，本书没有对它们进行区别，是在同一种意义上使用的。

他有关群体的价值观是调查中不可避免的因素，他们之间的相互作用才可产生出调查中需要的数据。本体论与价值论决定了两种范式的方法论。实证主义主张排除其他影响，使调查集中解释自然的本质以揭示因果机制。建构主义则认为调查在于揭示相关群体的建构并使他们接受其他建构的意见，最终达成共同的建构，整个过程是解释性的。第四代评价中的评价者承担着前三代评价者的角色，包括技师、描述者和判断过程的仲裁者，同时对评价者还提出了新的要求：从控制者转变为合作者；改变调查者的身份而担当教与学的角色；不是发明家而是给现实定型的人；不是被动的观察者而是认同和接受变化媒介的角色。

　　古贝和林肯将第四代评价的方法归纳为如下 12 个步骤：①与委托人或是授权评估的赞助人订立协议；②组织评估；③界定利益相关者，古贝和林肯区分了三种利益相关者，分别是代理人、受益人和受害人；④通过解释学辩证循环过程以完善利益相关者内部的联合建构，具体集中在他们的主张、焦虑和争议上，主张是利益相关者提出的有利于评估对象的方案，焦虑是利益相关者提出的不利于评估对象的方案，争议是理智的人不一定都赞同的某种事情状态；⑤通过引入新的信息，使组织成员发展更高层次的能力，以检验并扩大群体内部的建构；⑥挑选出已解决的主张、焦虑和争议（CC&I）；⑦把未解决的主张、焦虑和争议（CC&I）按优先次序排列；⑧收集有关未解决的 CC&I 信息；⑨为谈判解决议程；⑩进行谈判；⑪通过案例研究拟订报告；⑫再循环。

　　综上所述，第四代评价传达的理念或者说主要的立意有两点：第一，为与评价有关的利益相关者尤其是那些相对弱势的利益相关群体赋权。前三代评价范式无疑都被贴上了身份地位以及管理主义倾向的标签，第四代评价的重要目标之一则是给予弱势群体权利，正如《第四代评价》一书开篇所宣称的那样："社会的最高决策权不在别处，就在人民之中。"第二，通过价值协商使不同利益相关群体内部以及群体之间达成共识。不同个体可能有不同的建构，整个评价范式就是通过不断的谈判、协商等方式力图达成相对一致的建构。

　　实证主义范式和建构主义范式具体如图 4-1 和图 4-2 所示。

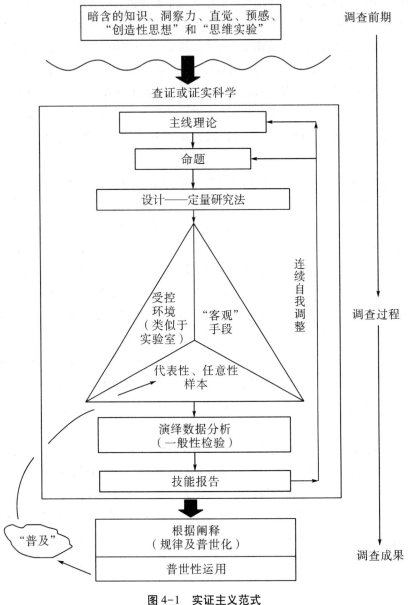

发现领域（非科学）

暗含的知识、洞察力、直觉、预感、"创造性思想"和"思维实验"

调查前期

查证或证实科学

主线理论

命题

设计——定量研究法

受控环境（类似于实验室）　"客观"手段

连续自我调整

代表性、任意性样本

调查过程

演绎数据分析（一般性检验）

技能报告

"普及"

根据阐释（规律及普世化）

普世性运用

调查成果

图 4-1　实证主义范式

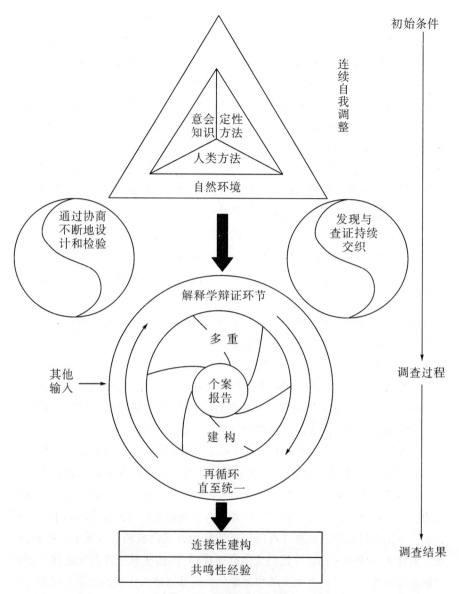

图 4-2　建构主义范式

4.4.1.2　关于第四代评价需要厘清的几个问题

前文已经对第四代评价理论的主要内容和基本主张进行了简单介绍，但在使用第四代评价范式作为评价的指导理论时，需要厘清以下几个问题：

（1）第四代评价中的探索与证实。

基于实证主义的传统调查方法论在调查的前期就形成了理论，而后通过演绎这个理论形成大量的假设或者问题，在此基础上开发一系列的调查设计，抛开其他混淆因素的影响，在随机样本中应用统计学方法对这些假设或问题进行经验层面的检验，最后形成两种可能的结果：一是原有理论得到支持，这些命题被吸收到相关的知识领域中；还有一种可能是原有理论需要调整，这样就产生了新的研究。可见，整个实证主义方法论基本遵循提出理论或假说——通过大规模的统计分析从经验层面对这一理论或假说进行验证的逻辑，方法论的设计呈现出重验证轻探索的特点。而第四代评价主张响应式建构主义范式，在调查之前评价者没有先验的理论，而是通过与不同利益相关群体的不断协商、不断建构以及再建构，最终达成各方都比较认同的共同分享的建构。那么，在第四代评价中是如何处理探索与证实的关系呢？

这就需要回到古贝和林肯对第四代评价方法论的描述。建构主义范式通过调查者与被调查者之间的价值协商不断塑造新的建构，也就是说与评价相关的利益群体必须同时同意这样的建构，一旦新的访问以及其他来源的信息出现，对建构的再建构又再次开始，建构所表达的可行性和调适性都必须由调查者和被调查者共同判断。评价的整个过程呈现出这样一种特点：发现和查证是紧密相关、交织在一起的不断互动的两个过程。

（2）专业文献与"建构"的关系。

既然第四代评价主张在评价之前调查者不需要有先验的框架，那么整个调查是不是不需要专业文献的整理或者对评价问题进行的理论探讨呢？如果需要，又应如何处理专业文献及其理论分析与"建构"的关系？

古贝和林肯认为，忽视那些专业文献是一种短视行为，专业文献及其理论探讨对"建构"来说至少具有两个作用：一是，文献对有关知识的累积已经达到相当的水平，它们不可避免地成为未来研究的基础，文献和理论分析所涉及的一些普遍化的东西可以促使评价者思考其在需要评价的真实场景中是否有意义。在调查过程中，调查者可以通过质疑的方式向被调查者展示这些看法，如"有些人认为……你觉得他们说得有道理吗？"这些看法将会在建构的过程中被重新对待。二是，专业文献和理论分析还可以被当作观察记录中收集的信息，只是不必把它们当作类似真理的理论，将其与那些调查而得的信息一起加入解释学循环中。

（3）第四代评价方法论中定量方法的运用。

建构主义范式的方法论重视意会知识，强调人类学、解释学等定性方法的使用，这是不是说基于建构主义范式的评价过程拒绝定量方法的使用呢？答案当然是否定的，定性方法虽然作为第四代评价的主要方法，但这并不排斥诸如测试、数据显示和处理所涉及的一些定量方法的使用，而唯一的限制在于不适用任何推论性的统计方法，这是由于两种范式所隐含的因果联系是相悖的。

（4）第四代评价的质量评判。

研究者通常用信度和效度来判断评价体系的质量，在实证主义范式中，评判标准通常包括内部效力、外部效力、可靠性和客观性①。内部效力指的是因变量能归因于自变量的可控变化，即因变量能通过选择的自变量解释。外部效力是指特定的调查结果对于其他背景的适应性。可靠性是一项研究的可信性、稳定性和准确性，通常由是否可重复来测量，即调查在相同场景中复制，是否能得出相同的调查结果。客观性则表现在评价需要证明调查者不持有任何偏见和价值观。第四代评价所依据的是完全不同于实证主义范式的建构主义范式，信度和效度在建构主义范式的表现也有所不同，古贝和林肯将其概括为可信性、可转移性、可靠性和确实性②。

可信性等同于实证主义范式中的内部效力，描述的是评价者最终描述的建构与利益相关群体的建构是否匹配。一些社会学、人类学方法的运用能帮助检验这种匹配度，如深入调查现场和长时间的投入，有利于建立信任和完全理解背景文化；持久的观察，能帮助认清与评价有关的特征和要素；与没有利益关系的同仁进行讨论，有利于提出调查者所掌握的默许和含蓄的信息的一些建议；消极个案研究，能帮助调查者在积累一定的信息之后尝试摒弃对抗的假设；递增的主观性，强调任何符合建构主义原则通过调查得出的建构必须是连接性的，从而保证调查者的先前建构不享有特权；成员核对，对收集起来的原始建构进行数据分析、分类、解释和检验假设。

可转移性的含义与实证主义范式中的外部效力相同，即评价的普适性。第四代评价中的可转移性主要表现在研究中的所有假设，以及对凸显这些假设的时代、背景和文化进行广泛和详细的描述，为那些希望将研究应用于其他情境的人提供尽可能完整的数据。可靠性，表现为证明研究过程的逻辑以及方法决策的技术的过程，即考察评价过程本身。确实性，则意味着需要确保调查结果扎根于调查者以外的人，而不是调查者的虚构。

总体而言，第四代评价质量的评判就在于考察评价过程本身，从长时间的投入、理解背景文化，到根据被调查者的数据进行分析，再到不断地纠正、修

---

① 古贝，林肯.第四代评估［M］.秦霖，蒋燕玲，译.北京：中国人民大学出版社，2008：171-173.

② 古贝，林肯.第四代评估［M］.秦霖，蒋燕玲，译.北京：中国人民大学出版社，2008：174-183.

订或扩展细节，整个过程呈现出的合作重构本身就证明了评价的质量。

4.4.1.3 基于第四代评价的跨学科博士生培养质量评价模式

应用第四代评价理论指导跨学科博士生培养质量的评价有如下优势：首先，在博士生培养的过程中出现了多种多样的质量观，质量观的多元与博士生培养质量评价的主体以及主体的需求有关，从目前的相关研究以及对博士生培养质量的评价上看这些不同主体的需求虽然受到了关注，但仍然缺乏对话的平台，第四代评价理论所主张的价值协商为解决这一问题提供了契机。其次，对跨学科博士生培养质量评价的已有研究仍然集中于对跨学科博士生学习效果的评价，而跨学科博士生培养质量的内涵包括了博士生的学习效果，但又远不止这一个内容。因此，在设计跨学科博士生培养质量评价指标的过程中，一方面当然需要深入的理论分析，另一方面也仍然需要倾听与跨学科博士生培养质量评价相关的利益群体的声音；尤其是当前我国的跨学科博士生培养仍处于起步探索阶段。第四代评价的方法论为研究跨学科博士生培养质量评价指标体系指明了一个方向。

按照第四代评价理论，跨学科博士生培养质量评价指标体系研究的步骤如下：

第一，明确跨学科博士生培养质量评价的任务及其目标。同时对跨学科博士生培养的特殊性、不同领域跨学科博士生培养的学科差异、跨学科博士生培养质量的影响因素等进行理论分析，完成指标体系的初次建构。

第二，界定跨学科博士生培养质量评价的利益相关者。古贝和林肯将与评价相关的利益群体分为三类，分别是代理人，即生产、使用或实现评估对象的人；受益人，从评估中获利的人；受害人，即受评估负面影响的人。鉴于本书的目的是大学可以应用这套评价体系对本校的跨学科博士生培养质量进行评价，应用层次定位为学校层面，评价涉及的利益相关者群体主要有三类：大学中分管跨学科博士生培养的领导及其行政人员（代理人）、跨学科博士生导师（兼具受益人与受害人性质）、跨学科博士生（兼具受益人与受害人性质）。

第三，发展利益相关者群体内部的连接性建构。分别对分管跨学科博士生的领导及行政人员、跨学科博士生导师及跨学科博士生三个群体进行访谈，弄清这三个群体是如何看待跨学科博士生培养质量的，尤其是每个被访谈者的CC&I，采用提名的方式将访谈进行下去，在访谈时需要向其询问对之前被访谈者提出建构的看法，初次建构的指标体系的内容也将以质疑的方式展现给被访谈者，直到建立一个能包含每个人观点的连接性建构。当新的被访者几乎没有提供新的信息时，整个循环得以停止。这个过程能够得出每个群体内部的建构以及关于建构的 CC&I。

第四，测试和扩大利益相关者的共同建构。上一步已经完全发展了各群体的建构及其 CC&I，这一步的目的是引入一些其他的信息使得建构更加完善，尤其是上一步中有些不同意见是可以通过更深层的考虑帮助其达成共识的，这需要应用一些其他的信息，这些信息的来源通常有：与跨学科博士生培养及其质量相关的文件和记录、观察、文献以及评估者非位的建构等，访谈中出现的 CC&I 可以通过参考以上的信息而被进一步阐述。

第五，挑选出已解决的 CC&I，确定未解决项目的优先次序，再次收集信息，准备谈判。让利益相关者们对那些没有解决的 CC&I 进行优先排序，再一次收集信息，并将未解决的 CC&I 和收集的信息以谈判议程的方式提供给利益相关者们。

第六，进行谈判，尽可能达成共识，并完成指标权重的设计。尽可能形成一致的跨学科博士生培养质量评价指标体系，搁置那些不能达成的 CC&I，并说明原因。对三个利益相关群体进行问卷调查，设计指标的权重，完成指标体系的再建构。

基于以上步骤，本书再次明确本评价的任务和目标：评价主体是开展跨学科博士生培养的大学；评价目的是了解跨学科博士生培养的整体情况，同时发现问题寻求改进。接下来本书将对跨学科博士生培养质量的相关问题进行理论分析。需要说明的是，有关探讨将如同那些调查过程中获得的文档和记录的信息单元一样被处理。

4.4.2 跨学科博士生培养的特征分析

跨学科博士生培养的特征是构建跨学科博士生培养质量评价指标体系的重要理论基础，本节主要从跨学科博士生培养的目标和培养过程两方面探寻跨学科博士生培养的特殊性。

4.4.2.1 跨学科与跨学科研究

跨学科，是对单词 interdisciplinary 的翻译，有时也译为交叉学科。对跨学科或者交叉学科的理解，学界有不同的观点。从"跨学科"的词源角度来看，跨学科最早的含义是学科之间的交叉和整合。"跨学科"最早出现于 20 世纪 20 年代成立的美国社会科学研究理事会（the Social Science Research Council）的会议记录中，主要是为了促进日益孤立的学科之间的整合。哥伦比亚大学心理学家 R. S. Woodworth 在由多个学科组成的科学理事会上首次使用"跨学科"一词，是指要促进多个学科共同进行研究。许多学者通过与相近含义的如超学科、多学科的概念辨析的角度探讨跨学科独有特征来深化对它的认识，如OECD组织在出版的《跨学科——大学的教学和科研》中将跨学科与超学科、群学科等相关概念进行了区分："跨学科（interdisciplinarity）是指为了某一目标将某一些相关学科的共同原理界定和应用在高层次或者亚层次上；超学科（transdisciplinary）的含义是在普遍原理和基于认识论模式的基础上，协同所有学科与交叉学科之间的关系；群学科是在相同层次上有联系的各学科并列而结合成的一个大学科群。"① 瑞士心理学家皮亚杰在《跨学科关系的认知论》中也对跨学科与多学科、超学科做了比较，他认为：多学科（multidisciplinary）处于最低层次，是为解决某一问题而在两门及以上的学科和知识领域中获取信息，对相关学科知识并未做出任何改变；跨学科则处于第二层次，是指具有某一联系的项目或者相同学科大类中各学科的相互合作，并形成了实质性的互动；超学科位于最高层次，不仅包含跨学科的基于专门研究项目的互动，还将各学科和知识领域的相互关系置于一个没有学科边界的系统之中②。也有学者从跨学科本身所具有的规定性来把握它的内在属性。如钱学森认为，"交叉学科是自然科学和社会科学相互交叉地带产生的一系列新生学科"。还有从跨学科发生的过程把握其内涵的，如美国国家科学院联合国家工程院、国家卫生研究院于2004年出版的《促进跨学科研究》中所述的："跨学科"是一种研究方法，通过整合两门或两门以上的学科或知识领域的信息、数据、技术、工具、视角、理论，达到提高对某一问题的基本认识或解决某一问题的目的③。综上所述，虽然对跨学科内涵的界定和理解多种多样，但基本可以概括为两类：一是从静态的角度描述跨学科，将跨学科视为由两门或两门以上学科相互结合、彼此交叉而形成的新的学科群，是所有交叉学科的统称；还有一类是从动态的角度关注跨学科的形成过程，将跨学科视为打破学科界限，将不同学科的概念、理论、方法等有机整合起来的研究活动。无论哪一类对"跨学科"的理解，关注的重点都更多地指向学科关系。

对跨学科研究的定义，则更多地指向实践层面。美国《促进跨学科研究》报告这样界定跨学科研究：跨学科研究（interdisciplinary research）是团队或个

---

① OECD. Interdisciplinarity: Problems of teaching and research in universities [M]. Paris: OECD Publications, 1972: 25.

② OECD. Interdisciplinarity: Problems of teaching and research in universities [M]. Paris: OECD Publications, 1972: 136.

③ COMMITTEE ON FACILITATING INTERDISCIPLINARY RESEARCH, NATIONAL ACADEMY OF SCIENCES, NATIONAL ACADEMY OF ENGINEERING, et al. Facilitating interdisciplinary research [R]. America National Academies Press, 2004: 26-27.

人的一种研究模式，通过整合两门或两门以上的学科或知识体系的信息、数据、技术、工具、视角、概念和理论，以提高基本认识或解决单一学科或领域所不能解决的问题。跨学科研究与多学科研究相区别，多学科研究虽涉及两门或两门以上的学科，但各学科仍然可以不借助其他学科就能成功解决问题，而跨学科研究一定要对不同学科的思想、方法进行整合①。维基百科收录的"跨学科研究"是指在处理某一问题时，研究人员穿梭于不同的学科，采用不同的角度与方法来理解这一问题的研究，通过不同方法的联合达到共同的目标。可以看出，跨学科研究至少具有以下特征：第一，跨学科研究的对象和过程具有复杂性。由于跨学科研究产生的背景是出现了在单一学科框架内无法解决的问题而尝试从跨学科的角度提供新的思路、方法和技术，这本身就说明了研究对象具有复杂性，而整个跨学科研究的过程会面临许多如怎样协调处理不同的学科文化等障碍，研究的过程也充满复杂性。第二，理论或方法的跨学科性。跨学科问题的解决必然涉及两门或两门以上的学科知识，跨学科研究当然具有理论或方法的跨学科性。第三，理论或方法的整合。跨学科研究的过程就是多个学科相互协调、整合，共同完成跨学科课题的过程，跨学科知识的产生或跨学科问题的解决必然涉及多个学科之间理论、方法或技术的不同程度的整合。

4.4.2.2 跨学科与单一学科的比较

跨学科与跨学科研究的出现反映了学科发展的新趋势，将跨学科与单一学科进行比较，探究跨学科呈现出的新特点，为进一步挖掘跨学科博士生培养的特征打下基础。总体而言，跨学科与单一学科是两种不同的学科形态。学科形态是研究者通过一定的认知方式研究本学科事物时所形成的知识内容及结构形式。学科形态隐含着每一门学科的规则和判断标准，同一学科的规则和判断标准只适用于这一学科本身，而不能适用于其他学科形态。根据上文对跨学科内涵的分析，本书可归纳出跨学科在研究起点、研究方式、知识生产、知识结构与内容以及成果评价方面明显区别于单一学科，并且不同类别的跨学科研究之间也呈现出不同的特点。

（1）研究起点。

在研究起点方面，单一学科知识体系的发展具有系统性和承接性，学科发展相对稳定，因而单一学科的研究者往往关注的是自己所在的十分精细的研究领域，研究起点的选择一般为既定学科领域的前沿，并与已有研究保持内部一

---

① COMMITTEE ON FACILITATING INTERDISCIPLINARY RESEARCH, NATIONAL ACADEMY OF SCIENCES, NATIONAL ACADEMY OF ENGINEERING, et al. Facilitating interdisciplinary research [R]. America National Academies Press, 2004: 26-27.

致性，是已有研究的延续。而跨学科研究自诞生之日起，就聚焦于问题的解决，也只有当不同学科的知识在解决某个特定问题时发生联系才会形成跨学科研究①，因此，解决这些"问题"成为跨学科的研究起点。这里的"问题"或为产生于某一学科框架内或学科边缘地带而运用单一学科知识无法解决的问题，或为解决那些威胁人类生存、促进社会发展所急需解决的特殊问题。"问题"的性质与不同类别跨学科研究有关。一般而言，发生在人文社会科学内部与自然及工程技术科学内部的跨学科所聚焦的"问题"多为认识论的问题，即为了深化对某个现象的认识而使用了其他学科的知识和方法，从而导致新知识的产生，如教育经济学，就是借用经济学的思维、概念和方法研究教育现象，探究教育现象的经济属性。而发生在人文社会科学和自然及工程技术科学之间的涉及众多学科的跨学科研究所聚焦的"问题"多为需求论的问题，其特征是运用多门成熟的知识解决一个特殊的问题，如由于城市发展所带来的城市规划问题，几乎涉及了建筑学、工程学、经济学、管理学、社会学、心理学等学科。值得注意的是，无论是认识论问题或是需求论问题，都超越了单纯的逻辑推演，具有社会意义。

（2）研究方式。

在研究方式方面，单一学科总是从特定角度遵循学科研究方法和范式对研究对象进行专门研究，并不断使得现有知识体系更加系统化。而跨学科研究则更加注重不同学科之间理论、方法的交叉与整合以产生新知识、解决新问题。具体而言，产生新理论知识的跨学科研究在研究方式上基本呈现出两类特点：一类是跨学科研究所涉及的学科在研究对象上表现出较高的一致性，使得相关学科的理论和方法能够很好地互用，如物理、化学、生物相互交叉而出现的生物化学、生物物理学；还有一类跨学科研究的研究方式表现为一门学科的理论和方法能够为另一门学科发展提供重要的参考价值，如教育学的研究常常利用心理学的理论和方法作为某个教育理论的关键证据。解决特殊问题的跨学科研究则涉及了诸多学科，涉及学科之间常常没有重叠，无论是研究对象还是方法都相距甚远，这些学科通过一个特定的目标结合在一起，这类跨学科研究通常将需要解决的特殊问题分解为一系列可操作的并且相互依赖的目标，各学科应用本学科成熟的理论和方法并通过与其他学科研究者的共同合作研究这些子目标及其依赖关系，共同探讨这些依赖关系对解决这个特殊问题的影响。

---

① 刘仲林. 中国交叉科学：第 1 卷 [M]. 北京：科学出版社，2006：1.

（3）知识生产。

传统的知识生产是基于学科框架在认知的语境中进行的，它具有以下特征：知识生产由学科内的学术共同体所控制；知识生产组织具有单一性和同质性且所有学术知识都是在学科内被生产；对知识质量的衡量表现在知识是否通过规范的学科研究范式被生产出来并增加了人们对研究对象的认识等。跨学科的知识生产则不同于单一学科的知识生产，呈现出了一些新的特征。新知识生产理论对跨学科知识生产做了十分详细的分析。Michael Gibbons 等六位学者提出的新知识生产理论将新知识的生产方式称为模式 2，跨学科性是模式 2 最具代表性的特征，基于传统学科的知识生产被称为模式 1。与模式 1 相比，模式 2 呈现出一些新的知识生产特征，主要表现为知识生产的应用情境、异质性和组织多样性、跨学科性、社会问责及反思和特殊的质量控制。

第一，模式 1 的知识生产由学科内的学术共同体所控制，所有的学术知识都是在学科内被生产的，研究哪些问题是合法的以及使用哪些研究方法都由学术共同体决定，知识的生产是追求学术事业并代代相传。模式 2 则是"围绕一项特定的应用而组织的问题处理"①，这种需求从知识生产开始时便存在，知识的供应则是被分化了的多种专家知识，其问题解决的进程则表现为应用的情境。第二，院系常被看作是模式 1 知识生产的中心，也是学术权力的中心，而模式 2 的团队构成基于问题的解决，因此，团队的改变随着问题解决的要求改变而不断变化，这不是由中心主体来计划或调节的。值得注意的是，虽然研究团队随着问题的成功解决而解散，但这类组织和沟通的形式却持续存在，研究者们的协作研究能力能被迁移到新的语境之中。第三，在模式 1 中，由学术共同体负责检验知识的合法性，并对其进行分类。而跨学科则是模式 2 中知识生产的首要形式，在知识议程的形成、调动资源的方式、研究结果的交流以及科研成果的评价上都是超越学科结构的。科学合作尽管针对不同的主题，但都遵循一个所有参与者共同分享的一般框架，而这个框架又是不断发展的。同时，一个大问题的解决往往建立在一个特定问题的解答所形成的认知点的基础之上，新的发现可能存在于学科框架之外，而这类知识也无须回到学科中予以确认。第四，模式 1 中学科科学产生和解决了哪些问题通常与学术共同体之外的群体利益关系不大。而模式 2 问题的解决可能对公共利益造成各种影响，模式 2 中的科研人员对其工作所产生的价值影响相较模式 1 更具有反思性，因而作

---

① 吉本斯.知识生产的新模式：当代社会科学与研究的动力学［M］.陈洪捷，沈文钦，等译.北京：北京大学出版社，2011：4.

为价值反思供应方的人文学科被越来越多地要求提供相应的知识。第五，模式2中对于工作质量进行评估的标准与模式1的学科知识评价有所不同，学科知识通常采用同行评议，依据对学科的贡献来评定，学科知识的标准通常反映出各学科的关注重点和学术兴趣。模式2对质量进行评估则主要依据问题解决的个人贡献，以及有关效率和价值观选择等一系列更加宽泛的社会标准来决定①。

（4）质量评价。

质量评价的核心是质量标准，质量标准又涉及评价主体和评价方法。单一学科与跨学科在质量评价上也十分不同，而两类跨学科研究的评价也各有侧重，这里主要从评价内容、评价主体、评价方法三个方面进行比较和论述，总的看来，跨学科的质量评价更加关注研究过程的质量。

在评价内容方面，对单一学科的质量评价主要依据知识的创造是否遵循本学科研究范式并对本学科的研究对象有了更进一步的认识，这在本学科内并不存有异议。对跨学科的质量评价则与之不同，这首先表现在对跨学科知识的评价上，这常常与跨学科研究的目标相关。致力于新理论知识的跨学科研究常常是将来自不同学科的理论、方法整合在一起共同回答一个跨学科研究问题或创立新的理论。当认识论的跨学科研究超越了单一学科研究方法时，其质量评价在关注是否扩展了专业知识、解释了先前没有解释的问题的同时，需要关注跨学科研究的实质构成，如产生的新知识在何种程度上与所跨学科关联、对不同学科视角的平衡以及对所涉及学科整合的有效性②。而对致力于特殊问题解决的跨学科的质量评价更加重视这个特殊问题的成功解决，质量评价指标一般为投资回报率、研究的可行性、实用性以及产生的广泛影响。除对跨学科知识的评价外，跨学科的评价还关注跨学科研究给跨学科研究人员以及学科发展带来的影响。美国国家科学院2004年发布的《促进交叉学科研究》认为跨学科所带来的成果除产生了新知识解决了新问题以外，还发展了跨学科研究人员的能力，包括在一个以上学科领域工作的能力以及致力于跨学科研究的合作能力，并且促进了学科间的合作、拓宽了专业研究的范围③。对跨学科的质量评价在

① 吉本斯. 知识生产的新模式：当代社会科学与研究的动力学 [M]. 北京：北京大学出版社，2011：4-8，23-29.

② BOIX M V. Assessing expert interdisciplinary work at frontier: an empirical exploration [J]. Research evaluation, 2006 (1): 17-29.

③ COMMITTEE ON FACILITATING INTERDISCIPLINARY RESEARCH, NATIONAL ACADEMY OF SCIENCES, NATIONAL ACADEMY OF ENGINEERING, INSTITUTE OF MEDICINE. Facilitating interdisciplinary research [M]. Washington DC: The National Academies Press, 2004.

关注跨学科带来了什么的同时还指向跨学科研究的过程，即为达到学科之间有效整合的条件，许多相关研究都表明跨学科机构应该促进不同学科知识的整合，尤其是提供研究人员之间较频繁的交流机会以及提高跨学科研究机构的灵活性等。

在评价主体方面，单一学科评价毫无争议地由学术同行进行，这些同行专家多是在本门学科内拥有多年学科研究经验、学术地位较高的研究人员，其评议的重点在于研究的学科价值以及研究本身是否优秀。跨学科研究的最显著特征在于其跨学科性，即涉及多个学科之间的整合，因而比较难找到类似单一学科的"同行"。鉴于此，跨学科的评价主体一般为由多学科的专家组成的评审小组，有时采用被审议人提名评审专家的方式，尤其是那些能够超越本来的学科背景进行研究和思考的卓越的跨学科研究者们，他们能更好地把握跨学科研究的特点及其贡献。同时，可以将德尔菲法应用到跨学科评价当中。

在评价方法方面，对单一学科的评价方法是同行评议，一般采用文献计量法和声誉排名对学科进行评价。文献计量法同样也是跨学科评价的常用方法之一，只是跨学科文献计量法更加注重跨学科研究所引用的学科以及论文被引用的多样性，布里渊指标、外类别引文法以及学科交叉指标[①]都被用于描述跨学科文献计量法的跨学科性。声誉排名同样是评价跨学科的常用方法之一，在对跨学科组织进行声誉排名时通常将有多个系参与的跨学科研究活动的贡献纳入其中。此外，社会网络分析法也被用于评价跨学科的科研机构，该方法主要通过描述各跨学科研究者之间的关系、联系的方式和所处的地位以了解研究中跨学科的合作情况，目的是了解跨学科研究组织中真实的研究状况。

4.4.2.3 跨学科博士生培养的特殊性

博士生培养归根结底属于人才培养范畴，一般而言，可以从人才培养的目标和过程两个方面对人才培养进行描述。本书通过将跨学科博士生培养与单一学科博士生培养进行比较，以探究跨学科博士生培养在目标和过程两方面的特殊性。

（1）跨学科博士生培养的目标特征。

人才培养的目标特征反映的是对所培养人才的要求。跨学科博士生培养所指向的跨学科博士与单一学科博士生培养指向的单一学科博士在知识、能力和

---

① 杨良斌，金碧辉.跨学科研究中学科交叉度的定量分析［M］//刘仲林.中国交叉科学：第1卷.北京：科学出版社，2006：57-59.

品质方面的要求十分不同。尽管随着时代变化，单一学科博士生的培养目标内容更加丰富，但总体来看"为学科培养守门人"仍然处于中心地位，《中华人民共和国学位条例》在授予博士学位上的规定反映了对单一学科博士的要求："在本门学科上掌握坚实宽广的基础理论和系统深入的专门知识，具有独立从事科学研究工作的能力，在科学或专门技术上做出创造性的成果。"概括起来就是对学科知识的系统掌握、独立从事科研的能力和创新能力。博士学位论文是博士生培养最重要的产出，一般而言，单一学科博士学位论文主要关注选题的意义、论文写作是否符合学科规范、论文成果的创新以及论文体现出的学科知识和科研能力。另外，博士生在读期间的学术成果也是博士生培养的重要结果，一般用论文发表的数量与质量予以描述。在单一学科博士生的品质方面，国外相关研究没有单独对其讨论，国内研究主要将学术道德作为对单一学科博士生的品质要求。

跨学科博士生培养的目标特征最显著的特点当然是跨学科性，相关研究常用"T"来对跨学科博士的知识和能力进行描述。本书依据跨学科相较于单一学科的特征分析以及对跨学科博士培养目标的分解，发现跨学科博士在知识、能力和品质方面具有如下特征：

第一，"T"形的知识结构，也可以将其概括为既博又专，T的横轴表示跨学科博士应该具有相对宽广的学科知识面，能掌握相关学科知识的理论与方法，这是跨学科研究的基础。"T"的纵轴表示跨学科博士应该成为所在的研究领域和方向的专家。"T"形知识结构强调的是跨学科博士的知识掌握更加注重跨学科性、拥有相对宽广的知识背景并精通其中1到2个研究方向。

第二，解决问题的能力。如前所述，跨学科研究始于问题的解决，围绕这个特定问题的解决，需要将相关的学科知识、理论或方法整合在一起，以产生新知识、解决新问题。跨学科博士生所参与的整个跨学科研究过程本身，就是在培养跨学科博士生解决问题的能力。

第三，"T"形跨学科创新能力。不可否认，交叉学科与跨学科研究领域为新知识的产生提供了土壤，许多重大发现都出现于跨学科领域。跨学科博士生的培养目标之一就在于造就其卓越的跨学科创新能力，跨学科博士的创新能力与单一学科博士的创新能力有所不同，它强调的是通过相关学科知识的交叉与整合实现新知识的创造或新问题的解决。

第四，跨学科研究能力。跨学科研究能力是指跨学科博士能从多学科的视角思考一个跨学科研究主题，并通过跨学科的整合最终实现问题的有效解决。

第五，团队协作能力。与单一学科博士强调的独立从事科研的能力不同，跨学科博士所参与的跨学科研究更加注重团队协作。这是由跨学科研究问题本身的复杂性决定的，跨学科研究常常涉及多个学科，通常以团队协作的方式进行，这就要求跨学科博士具备团队协作能力。

第六，领导力。跨学科博士生的培养目标指向未来的工程师和业界领军人才，无论是跨学科领域问题的研究还是社会重大问题的解决都需要一个视野更加宽广、熟悉相关学科理论和方法的领导者，领导力成为跨学科博士需要具备的重要能力之一。

第七，超学科道德水平，指跨学科博士应共享自己的研究成果和相关资料，这被认为是合作的基础。同时跨学科博士应具有社会责任，正如新知识理论指出的那样，跨学科领域的许多问题都与公众利益紧密相关，跨学科博士在进行跨学科研究过程中，需要具有更强烈的社会责任感，将公共利益纳入考虑之中。

此外，跨学科博士学位论文在选题意义上关注是否处于科学前沿及其实用价值；成果的创新性含义更广，除新知识的产生外还关注研究成果的实用性与可行性；论文所体现的跨学科研究能力表现在基于学科的来源、多学科的视角、关键的论证和跨学科的整合，即学科和领域的范围对于研究主题是否合适，是否采用了多学科的视角对研究主题开展研究，研究主题与跨学科的应用之间是否具有某种推理的一致性，是否实现了跨学科的整合。在学术成果的认定上，除仍然注重论文发表的数量与质量外，还关注论文的跨学科影响。

（2）跨学科博士生培养的过程特征。

人才培养的过程特征聚焦于人才培养的各个环节。近年来，博士生培养呈现出结构化态势，其培养过程通常由招生、课程学习、科研训练与撰写学位论文环节构成，而导师指导贯穿于整个培养过程之中。单一学科博士生培养在院系为单位的学科组织中进行，整个培养过程无不反映出学科的统一性。跨学科博士生培养通常在跨学科研究项目中进行，培养单位或为设有专门管理岗位和拥有相关学术资源的实体组织或为跨学科研究课题组形式的虚拟组织。跨学科博士生的培养过程反映出跨学科性。

在招生方面，单一学科博士生的招生注重考查学生的专业知识背景和学术水平；跨学科博士生的招生则关注学生的多学科知识和跨学科研究能力。在课程修习方面，单一学科博士生的课程体系呈现出内部一致性，重视基础理论与研究方法的学习，课堂组织方式通常以研讨课形式出现；跨学科博士生的课程学习与研究项目密切相关，通常根据科研取向设置相适应的课程计划、注重跨学科方法论的养成，教学注重博士生学科背景及研究方向。在科研训练方面，单一学科博士生通常以参与课题、参加学术会议、参加研讨会等方式进行科研训练；跨学科博士生则更多采用跨学科实验室轮训、参与跨学科团队研究、与其他先进研究机构保持紧密合作、增强跨学科博士生的学术交流机会等方式。跨学科博士生除参与科研训练外，还要参加其他能力如表达能力、与人沟通的能力、教学能力的训练。在导师指导方面，单一学科博士生一般实行单一导师制或双导师制；跨学科博士生的导师指导倾向于由相关研究方向的导师组成的导师组进行集体指导。在撰写学位论文方面，单一学科博士论文选题通常将学科前沿与博士生兴趣结合起来考虑；而跨学科博士论文则是跨学科研究项目中的一部分，论文的开题、中期报告和答辩都有相关学科专家参与①。单一学科博士生培养与跨学科博士生培养的比较如表4-1所示。

表4-1　单一学科博士生培养与跨学科博士生培养的比较

人才培养的特征		单一学科博士	跨学科博士
结果特征	知识	学科知识的系统掌握	"T"形的知识结构
	能力	独立从事科研的能力 创新能力	跨学科研究能力 "T"形跨学科创新能力 解决问题的能力 团队协作能力 领导力
	品质	学术道德	超学科道德
	博士学位论文	选题的学科意义 论文写作是否符合学科规范 论文成果的创新 论文体现出的学科知识和科研能力	选题的科学前沿及其实用价值 新知识的产生或研究成果的实用性与可行性 论文所体现的跨学科知识及其研究能力：学科的来源、多学科的视角、关键的论证和跨学科的整合
	学术成果	论文发表的数量与质量	论文发表的数量与质量及其跨学科影响

---

① 　陈洪捷.博士质量：概念评价与趋势［M］.北京：北京大学出版社，2010：206-209，226-228.

表4-1(续)

人才培养的特征		单一学科博士	跨学科博士
过程特征	招生	学生的专业知识背景和学术水平	学生的多学科知识和跨学科研究能力
	课程学习	课程体系的内部一致性重视基础理论与研究方法的学习课堂组织方式通常以研讨课形式出现	根据研究方向设置相应的课程计划、注重跨学科方法论的养成教学注重博士生学科背景及研究方向相关可迁移能力的训练
	科研训练	参与课题、参加学术会议、参加研讨会	跨学科实验室轮训、参与跨学科团队研究、与其他先进研究机构保持紧密合作、增强跨学科博士生的学术交流机会
	导师指导	单一导师制或双导师制	导师组集体指导
	学位论文	学科前沿与博士生兴趣	跨学科研究项目中的一部分

4.4.3 跨学科博士生培养的学科差异

跨学科博士生的培养活动是否已跨越了学科差异？还是不同领域跨学科博士生也呈现出不同的学科特点？不同领域的跨学科博士生培养的学科差异也是跨学科博士生培养质量评价指标体系构建的重要理论基础。

4.4.3.1 跨学科博士生培养项目案例研究

跨学科研究的发生与学科的研究对象、学科特有的"理论一体化"以及学科的应用特征有关。一般而言，那些研究对象相似、"理论一体化"水平较低、应用性强的学科领域更容易发生学科的交叉。相应地，跨学科博士生的培养也通常集中在几个常发生学科交叉的研究领域，包括人文社会科学领域、工程领域和医学领域。为此，本书以美国为例，在这三个领域中分别选取三个跨学科博士生培养项目实例，按照跨学科博士生的培养目标和跨学科博士生培养过程的框架，比较这三类跨学科博士生培养的学科差异。这三个项目分别是斯坦福大学现代思想与文学项目（Modern Thought and Literature，MTL）、加州大学洛杉矶分校材料创新培训项目（Materials Creation Training Program，MCTP）和哈佛大学神经科学项目（Program In Neuroscience，PIN）。

(1) 斯坦福大学现代思想与文学项目（Modern Thought and Literature，MTL)①。

MTL 是一个致力于现代世界中重要议题如性别与性、种族与民族、科学、媒体等研究的跨学科研究生培养项目，该项目研究涉及人类学、艺术和艺术史、传播学、比较文学、教育学、历史学、法学、社会学、政治学、哲学以及宗教等多个学科和领域。项目的培养目标指向培养一批致力于民族学、电影学、社会与文化研究、妇女研究、文化人类学和比较文学研究的领军人物，也同样致力于培养人文社会科学以及文化研究的跨学科项目中担任教学工作的教师以及制定文化政策的专业人士。MTL 项目要求每个跨学科博士通过完成高级课程以及严格的技能训练获得深厚的文学功底和坚实的第二学科基础，在文学跨学科研究中做出原创性贡献并对这些贡献进行解释；具有独立从事文学领域的跨学科研究能力和分析能力；熟练运用两门外语进行阅读的能力、写作能力以及教学能力。

在培养过程方面，MTL 提供的跨学科博士生培养计划因人而异，具有很大的灵活性，一般包括课程学习与个人阅读和撰写博士论文两个阶段，其中课程学习与个人阅读通常需要两至三年的时间。首先，MTL 非常重视课程的学习，课程训练能帮助学生掌握学科的历史和方法，按照规定，博士候选人必须在斯坦福大学完成至少 18 门课程。其中有八门课程是关于文学领域的，八门课程中至少六门课程是实质性课程，其目的是帮助跨学科博士生获得高深、系统的文学知识，至少两门属于研讨会性质的讲座课程。另外八门课程则关于非文学领域，其中六门课程通常在人类学、艺术、通信、历史、哲学、政治学、宗教学、社会学中选择，额外两门课程由跨学科博士生在导师指导下选修。其次，MTL 也十分注重发挥导师及顾问委员会的指导作用。在第一年结束时，跨学科博士生可以与导师以及 MTL 的顾问委员会进行讨论，按照个人的研究、教学计划并考虑未来的就业目标对课程计划进行调整。同时，跨学科博士生应尽早思考学位论文的选题并与导师讨论，在通过口试及其他考核后（通常是第三年），MTL 的学位论文委员会（The Dissertation Committee）通过座谈会的方式共同讨论学生的论文计划，学位论文委员会的成员由跨学科博士生和导师共同选择。最后，MTL 跨学科博士生的跨学科学习方式以个人阅读为主，包括熟练使用两门外语阅读普通难度的散文等，在第二年结束时，跨学科博士生

---

① Modern thought and literature［EB/OL］.［2021 - 03 - 25］. http://www.stanford.edu/dept/MTL/cgi-bin/modthought/about/mission/.2014.

需提交一篇25~30页的资格论文，另外，国外相关机构进行跨学科交流学习也是重要的跨学科学习方式，进入博士学习的第三年，跨学科博士生可以在导师和导师组的推荐下去国外学习一年。

（2）加州大学洛杉矶分校材料创新培训项目（Materials Creation Training Program，MCTP）[①]。

MCTP利用物理、化学、工程、电气以及材料科学等知识研发新材料和新设备，主要的研究方向有导电聚合物的电子材料、机械结构的纳米机器以及生物材料。项目的培养目标是将该项目的跨学科博士生培养成为能够创造和发明新技术以推动美国经济发展的多学科科学家（multidisciplinary scientists），他不仅是某一特定领域的专家，还必须能适应未来职业中协同合作的科学文化。该项目对跨学科博士生的要求是：在达到本专业博士毕业的要求之外需要学习光谱物理学、化学以及材料和设备的工程方面的知识以应对跨学科研究的复杂性，并习得沟通技巧如怎么启动公司并与公众进行沟通。

在培养过程方面，MCTP不仅为跨学科博士生提供某一特定科学专业的培养，而且在新材料、新设备的发现与创造的各个方面提供全面的训练，使他们拥有跨学科的技能以实现纳米技术的潜力。项目的跨学科博士生主要选择本校具有相关专业背景如生物工程、物理学、材料科学与工程等专业的学生，需要注意的是，这些跨学科博士生的教学、研究仍然在所在院系中完成，MCTP只是为其提供一个跨学科培养经历，这些学生通常在研究生一年级结束后进入MCTP，整个培养主要在研究生阶段的第二年和第三年进行，具体的培养方案包括课程学习，在国家实验室、其他大学或公司进行跨学科实习，指导本科生，参加MCTP每年举行的研讨会进行技术介绍以及外展活动。首先，在课程修习方面，MCTP课程包括四个必修课程，分别是：材料化学实验室课程，主要介绍材料合成、材料特性和化学设备制造，组织方式是由3~5名不同学科背景的学生组成团队共同学习，通过团队协作帮助学生学习对方的学科语言，培养其时间管理、团队合作、沟通和领导能力；MCTP制备纳米结构实验室课程，为学生提供设备制造技术的纳米系统的经验；从概念到产品的研讨会，主要介绍学生的研究发现是如何最终转化为产品并进入市场的；午餐讨论会，讨论目前的文献以及学生的研究，每期有教师参加、并介绍自己的工作，以熟悉

---

① Materials creation training program［EB/OL］.［2021-03-25］. http://translate.google.com.hk/translate? act=url&hl=zh-CN&ie=UTF8&prev=_t&sl=en&tl=zh-CN&u=http://cnsi.ctrl.ucla.edu/mctp/pages/trainees.2014.

相关领域的语言、分享对方的最新发现并为对方的项目提供建议加强沟通与合作，整个讨论会有专门的顾问负责协调表达技巧；研究伦理，课程内容为合作中涉及的利益冲突、对于可视化数据的剽窃、知识产权等。整个课程开设的目的是帮助学生理解来自不同学科的基本知识的整合以及基础科学与生产实际之间的整合。其次，MCTP 在导师指导方面实行双导师制，主要论文指导老师通常是获得博士学位的院系教授，另一位导师必须来自不同的学科，这样可以确保论文研究的多重视角。最后，在国家实验室、其他大学或公司进行跨学科实习，参加 MCTP 每年举行的研讨会进行技术介绍以及外展活动是主要的跨学科学习方式。在国家实验室、其他大学或公司中进行为期三个月的跨学科实习的目的是提供一个互补的研究经验，提高学生的团队合作能力，还帮助他们做出明智的职业选择；参与每年的 MCTP 研讨会和会议技术介绍以及外展活动，能促进跨学科的交流并磨炼学生的领导力、沟通技巧并拓展技术和人际关系。

（3）哈佛大学神经科学项目（Program In Neuroscience，PIN）[①]。

PIN 设在哈佛医学院的神经生物学系并汇集了哈佛所有的神经科学家，除本系的研究资源外还集结了整个哈佛的科研资源为学生提供开展论文研究的机会，包括剑桥校园实验室和哈佛大学附属医院。神经科学的研究横跨了神经生物学、神经影像学、神经免疫学、物理学、工程学和心理学多个学科领域。该项目的培养目标是将跨学科博士生培养成为未来神经科学教育和研究的领军人物。

在培养过程方面，PIN 主要通过课程、实验室轮转、午间研讨会、午间实验室报告、杂志俱乐部和论文研讨会等方式进行。首先，在课程修习方面，在跨学科博士生培养的第一年，学生需要选修课程，其中包括两门神经生物学的必修课，以及项目提供的包含细胞、开发和系统三个领域的选修课程，课程修习不要求在第一年完成，学生可根据论文需要随时选修课程。其次，PIN 十分重视导师指导的作用，学生咨询委员会（Student Advisory Committee）会定期单独会见每个学生讨论课程选择、检查学习进度、提供实验室轮转的选择以及解决学生提出的各种问题。进入第二年，学生咨询委员会单独会见每个学生以确保每个学生都选择了与论文相关的实验室。同时学生在这一年准备开题，由初步考试委员会（The Preliminary Exam Committee）审查并给予学生书面的论

① Neuroscience in program ［EB/OL］. ［2021-03-25］. http://www.hms.harvard.edu/dms/neuro-science/index.html.

文建议。在论文开题通过之后，学生选择一个论文咨询委员会，该委员会与学生的论文指导教授一起指导学生的论文，每次开会前，学生需要提交完成工作的摘要以供讨论，一般从第三年开始约花三年半的时间完成博士论文。最后，实验室轮转是最重要的跨学科学习方式。PIN 要求至少进行两个实验室轮转，跨学科博士生在课程以外兼职实验室工作，在课程完成时全职参与。此外，午间研讨会、午间实验室报告、杂志俱乐部也是跨学科学习的重要途径。午间研讨会是邀请来自世界各地的优秀的神经科学家与项目的研究者、学生共同讨论和交流；午间实验室报告通常是一个博士后和来自该实验室的博士生展示他们的研究工作；杂志俱乐部是由 PIN 博士生自愿提交论文并展开讨论，杂志俱乐部为学生们提供一个友好的环境，让学生们熟悉相关领域的研究成果、锻炼表达能力并激发科学兴趣。PIN 同样鼓励学生们担任本科生的教学工作，但这不是必需的。

4.4.3.2　跨学科博士生培养的学科差异。

以上三个跨学科博士生培养实例展现了不同类别跨学科博士生培养的特征。总体来看，人文社会科学领域跨学科研究注重方法层面的整合，即用相关学科的方法研究本领域的问题，所以跨学科博士生的培养十分注重对相关领域学科知识方法的学习和训练，培养过程主要采用课程和个人学习的方式进行；工程领域跨学科研究则强调"产品"的开发，主要涉及相关基础知识的整合以及基础知识与应用的整合，因此其跨学科博士生的培养主要是为博士生提供一个本院系以外的跨学科学习经历，包括与其他相关学科学生共同学习研讨、选修相关课程以了解从研发到产品的过程以及到国家实验室和公司实习；医学领域跨学科研究则偏重验证的整合即收集相关学科的数据共同验证某个问题，这是由医学本身的应用性决定的，其跨学科博士生的培养注重实验室轮转，课程修习也根据论文的方向随时选修，还设置了学生咨询委员会定期检查学生的学习进度并解决学生的各种问题。可见，跨学科研究不同特点的整合使得相应类别跨学科博士生培养也各有侧重，通过对跨学科博士生培养目标和培养过程的比较发现，跨学科博士生在能力培养、导师指导、课程设置和跨学科学习方式四个方面均表现出学科差异，本书试图采用图谱的形式予以表达。

如图 4-3 所示，跨学科博士生培养特征图谱由蓝色、绿色、紫色和青色四个色块组成，分别代表了跨学科博士生的能力培养、导师指导、课程设置和跨学科学习方式。其中，蓝色模块代表跨学科博士生的能力培养，涵盖了表达沟通能力、写作能力、团队协作能力和教学能力①；绿色模块代表跨学科博士生的导师指导，包含导师的指导频率和导师的多学科来源；紫色模块代表课程设置，包括课程量、课程修习占培养体系的比重以及课程体系的灵活性；青色模块代表的是跨学科博士生的学习方式，包括团队学习、个人学习、学习报告、非正式学术交流和与其他机构开展合作五种形式。色块中各要素的色块面积越大，代表其开展程度越高或受重视程度越高。

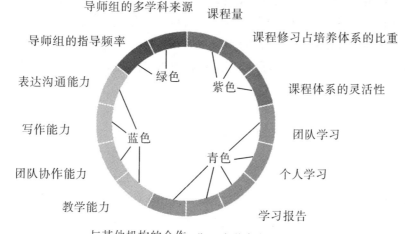

图4-3 跨学科博士生培养特征图谱

除跨学科研究能力外，人文社会科学领域跨学科博士生还需具备较好的教学能力和写作能力，对团队协作能力和表达沟通能力的要求则相对较低，这与人文社会科学领域跨学科研究的特点和培养目标有关。由于人文社会科学领域跨学科博士生除本领域的基础知识外还强调对相关学科历史和方法的扎实掌握，整个培养过程十分注重课程的学习，课程修习占整个培养体系的比重很大，课程量多且注重实质性课程同时辅以研讨性课程，课程体系具有一定的灵活性，博士生可根据个人的研究计划选择相应的课程体系。人文社会科学领域跨学科博士生的跨学科学习方式主要是个人学习和非正式学术交流，同时为博士生提供与其他机构合作学习的机会。导师指导方式为导师和导师组共同指导，导师组由来自不同学科的导师组成，其成员由跨学科博士生和导师共同

① 注释：由于跨学科研究能力是各学科领域跨学科博士生培养都十分重视的，且各领域的跨学科研究能力内涵也十分不同，因此并未列入图谱中。

选择，主要对跨学科博士生的论文计划进行指导，指导频率相对较低（如图4-4所示）。

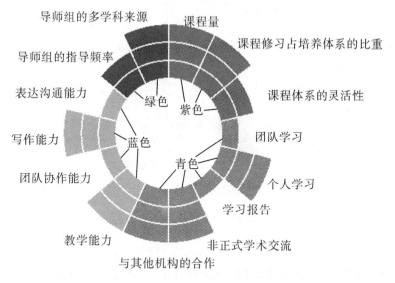

图4-4 人文社会科学跨学科博士生培养图谱

工程领域跨学科博士除系统掌握本学科知识以外需要熟悉相关学科的概念体系、学科语言和最新发现，以便更好地协调与合作，因此，在能力培养方面，尤其强调跨学科博士生要具备团队协作能力和表达沟通能力。课程同样是培养的重要环节，但其在培养体系中的重要位置较人文社科领域次之。工程领域跨学科博士生课程修习占培养体系的比重适中、课程量较大但几乎不具有灵活性，课程修习常以团队协作的方式在跨学科实验室中进行，并且重视研讨课以及研究伦理的学习。正式或非正式的研讨会形式的团队学习、在国家实验室或公司进行跨学科实习、定期的学习报告是重要的跨学科学习方式。导师指导的方式为双导师制，其中一位导师来自博士生获得博士学位的院系，另一位则来自不同学科，导师指导频率适中（如图4-5所示）。

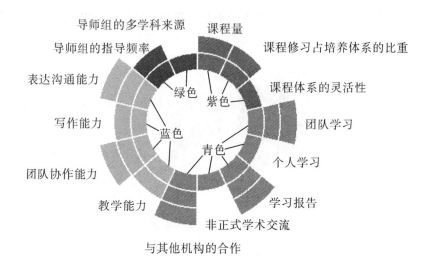

图 4-5 工程领域跨学科博士生培养图谱

由于医学本身的应用性，医学领域跨学科博士需要掌握坚实的多学科知识、熟悉实验方法并具备熟练的实验操作技能。另外，医学领域跨学科博士生还须具有较强的团队协作能力，其团队合作程度较工程领域跨学科合作相对松散，优秀的表达沟通能力也是培养目标之一，而对写作能力和教学能力的要求次之。课程仍是培养体系的重要组成部分，但由于医学领域跨学科博士生需要掌握熟练的实验操作技能，实验室轮转成为与课程同样重要的培养手段，课程占整个培养体系的比重相对较低，课程量适中且具有较大的灵活性，可随时根据论文需要选修合适的课程。跨学科学习方式以实验室轮转、研讨会和实验室报告为主，跨学科博士生至少需要进行两个实验室轮转并全程参与实验室工作，研讨会和实验室报告则定期举行，同时提供一些非正式学术交流的机会。医学领域跨学科博士生培养十分重视导师指导，论文咨询委员会的导师来源于多个学科且导师指导频率较高，此外，学校还专门成立学生咨询委员会负责解决跨学科博士生的各种问题并定期检查其学习进度（如图 4-6 所示）。

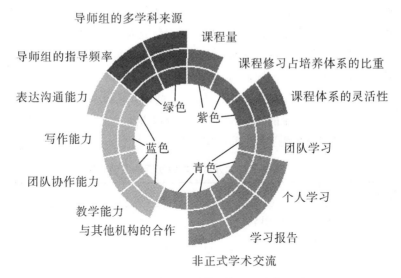

导师组的多学科来源

导师组的指导频率

表达沟通能力

写作能力

团队协作能力

教学能力

与其他机构的合作

非正式学术交流

课程量

课程修习占培养体系的比重

课程体系的灵活性

团队学习

个人学习

学习报告

绿色　紫色　蓝色　青色

图 4-6　医学领域跨学科博士生培养图谱

4.4.4　跨学科博士生培养质量的影响因素

让跨学科博士生参与到跨学科研究中来，经历跨学科研究的全过程，是跨学科博士生培养的重要方式。影响跨学科研究的因素可能对跨学科博士生培养质量有重要影响。本节对跨学科博士生培养质量影响因素的考察分为两个方面：一是影响跨学科研究成功的关键条件，一是帮助跨学科博士生培养取得成功的影响因素。

4.4.4.1　跨学科研究的成功要素

不可否认，跨学科知识的产生或跨学科问题的有效解决受到偶然性因素的影响，这是由知识创造的不可预知性决定的。但这并不代表对一项成功的或高质量的跨学科研究的特征进行分析毫无意义。正好相反，对跨学科研究的成功要素做进一步探究，寻找跨学科研究顺利开展对各构成要素的基本要求，对指导跨学科博士生培养具有重要意义，其中跨学科研究人员所必须具备的跨学科研究能力正是跨学科博士生培养的预期目标，因而也是评价跨学科博士生培养质量的重要依据。有关跨学科研究成功要素的讨论，主要通过对成功的跨学科组织和项目展开调查以及对成功的跨学科研究进行案例分析两种方式展开。如美国《促进交叉学科研究》调研了 100 个跨学科研究中心和课题组，总结了成功开展跨学科研究的条件（如表 4-2 所示）。有学者选取某个成功的跨学科研究或跨学科研究中心进行了深入的案例研究，如樊春良等选取美国科学和技术中心作为案例研究后发现，该研究中心的职能包括支持最高质量的研究和教育，利用中心进行资源整合，支持不同领域内研究人员之间的接触和互动，创造条件吸引人才参与，促进大学和政府、公司等其他组织的联系、注重综合性的学习，为学生预备广阔的职业选择空间，促进科学和工程学服务社会等，这些因素共同作用使得跨学科研究成功开展[1]。此外，在跨学科研究的过程中会碰到一些困难，这些困难的克服对跨学科研究取得成功至关重要，比如如何在跨学科研究的过程中协调学科之间的文化差异等。

表 4-2   课题组成功开展跨学科研究的关键条件[2]

类型	成功要素
研究过程	①明确需要解决的共同问题 ②领导力 ③激励研究人员合作的环境 ④团队观念 ⑤种子基金 ⑥使课题组中首席研究员、博士后人员、博士生等加强联系的研讨会 ⑦促进不同机构研究人员加强联系的研讨会 ⑧不同团队成员经常见面 ⑨通盘考虑
项目支持	①受过管理培训的工程学博士 ②支持项目启动和团队工作 ③连续且具有灵活性的资助 ④敢冒风险 ⑤能认识到项目具有很大的潜力 ⑥资助机构的参与
硬件配备	①研究人员有共同工作的场所 ②仪器设备的共用 ③能增加研究人员见面机会的场所
管理	①矩阵式管理，既同原职能部门保持联系，又参加课题组的工作 ②对促进跨学科研究的带头人进行奖励 ③提供有利于跨学科工作的激励政策，如晋升 ④邀请有跨学科研究经验的专家进行评估 ⑤给予优秀的跨学科研究人员专业上的认可

---

① 樊春良，佟明，朱蔚彤.学科交叉研究的范例：美国科学和技术中心（STC）的学科交叉研究 [J].中国软科学，2005（11）：71-73.

② 魏巍.跨学科研究：评价方法与资助政策 [D].合肥：中国科学技术大学，2010：36.

4.4.4.2 成功培养跨学科博士生的影响因素

涉及跨学科博士生培养影响因素的相关研究大致分为跨学科博士生培养的机构与管理、对跨学科博士生的资助以及导师指导三个方面的内容。其中讨论最多的是跨学科博士生培养的机构与管理方面。研究表明大学管理层是否形成了较为清晰的跨学科博士生培养理念以及对跨学科博士生培养重视程度的高低影响了跨学科博士生培养活动开展的成功与否。另外，跨学科博士生培养的组织保障对跨学科博士生培养也有重要影响。由于单一学科博士生培养模式占据主导地位，从博士生培养的目标、培养过程、导师指导、课程学习到质量评价都遵循学科逻辑，而跨学科博士生的培养需要考虑到跨学科的特性，需要建立跨学科博士生培养机构以集结各相关学科的资源包括研究资源、课程资源和导师资源，协调各相关学科的利益，为跨学科博士生的培养创造条件。如 Ariel B. Lindner 和 Francois Taddei 提出跨学科博士生培养需要创建与之相适应的跨学科教育项目，良好的跨学科教育项目应具备：高质量的国际科学管理委员会，为学生和研究者提供良好的工作环境，个性化、弹性的课程设置，对学生的激励，加强基础学科知识学习并促进知识的交流，相关学科实验室的指导委员会，跨学科教育中心的自治等[①]。

导师指导是一个影响跨学科博士生培养质量的重要因素。在导师指导方面，跨学科专业学生倾向于向导师或指导委员会寻求指导，与非交叉学科专业学生相比，跨学科专业学生与导师交流的频率较高，对建议质量要求也高，学生们更看重导师对于非专业领域的指导能力、个人品质等[②]。另一影响其培养质量的因素是对跨学科博士生的资助。国外学者几乎都认为跨学科教育机构或项目应该为学生提供额外的时间来学习其他学科的知识、理论和方法，跨学科人才的培养应该有比目前规定更长的学习时间来达到相关的培养标准，因此对跨学科研究生的资助年限也应适当延长。

此外，依据本书对跨学科博士生培养特殊性以及对三个领域跨学科博士生培养案例的考察，可以试图归纳出跨学科博士生培养质量还受到以下因素的影响：正式或非正式的学术交流以及对跨学科博士生的激励。

---

① LINDNER A B, TADDEI F. Forming the next generation of European interdisciplinary scientists [M]. IOS Press, 2007.

② PAJEWSKI S G. Engagement in academic advising a comparison between students in interdisciplinary programs and students in non-interdisciplinary programs [D]. Pittsburgh：University of Pittsburgh，2006.

首先，正式或非正式的学术交流是各领域跨学科博士生进行跨学科学习的重要方式。其一，跨学科学习和研究的关键在于学科间的有效整合，而整合的关键是思维方式的突破，而思维方式的碰撞与突破只有在融洽的交流中才能产生。通过与不同学科背景的研究者交流，形成思维碰撞，有利于活跃思维，为跨学科整合和创新创造条件。其二，跨学科学习方式与不同领域跨学科研究的实践性有关，如工程领域跨学科博士生培养机构通常与大型企业、国家实验室建立密切的联系，跨学科博士生进入企业和国家实验室实习和交流学习是培养的重要手段，医学领域跨学科博士生常常采用实验室轮转的方式进行跨学科学习，这就需要培养机构与相关学科院系和研究机构协调资源，为跨学科博士生的跨学科交流学习创造条件。其次，跨学科博士生的激励对跨学科博士生培养质量有正向影响。跨学科博士生培养互动的开展常常在院系之外进行，院系作为制度化的学科组织，对单一学科框架内的博士生已经形成了统一的评价标准和奖励机制，也就是激励机制已相对完善。跨学科博士生游离于院系之外，需要培养机构对其跨学科博士生的身份予以认可，同时出台相应的激励政策鼓励跨学科博士生进行跨学科研究。

综上，如将导师指导、弹性的课程设置等划归为过程指标的大类中，那么，归属于跨学科博士生培养质量的条件保障因素应该包括培养机构的组织和管理、经费资助、正式或非正式的学术交流、对跨学科博士生身份的认可和激励。

4.5 跨学科博士生培养质量评价指标体系的初次建构

按照第四代评价理论，相关的理论分析虽然不作为类似的真理，但仍然是指标体系构建的重要基础。本书将以上的理论分析视同为调查过程中所获得的其他信息，需要思考的是：已有的理论分析在真实的评价场景中是否有意义？本节将进一步概括和整理有关跨学科博士生培养相关理论分析的结论，完成跨学科博士生培养质量评价指标体系的初次建构。

根据跨学科博士生培养质量评价的相关文献和理论分析，跨学科博士生培养的特殊性、学科差异和影响因素都与跨学科博士生培养质量及其评价密切相关，其包含的具体要素都可能反映跨学科博士生的培养质量。跨学科博士生的培养目标包括"T"形知识结构、解决问题的能力、跨学科研究的能力、团队协作能力、领导力和超学科道德水平；跨学科博士生的培养过程涵盖了课程设置、跨学科科研训练、导师指导和学位论文，每一环节下又分别包含不同的要素；跨学科博士生培养的影响因素包括项目支持、硬件设施和有效管理等。此外，不同领域的跨学科博士生培养质量评价也各有侧重，主要表现在不同领域的跨学科研究具有不同的特点以及不同领域的跨学科博士生培养目标和培养过程有所不同。前者表现在：人文社会科学领域跨学科研究注重方法层面的整合，即用相关学科的方法研究本领域的问题；工程领域跨学科研究则强调应用，主要涉及相关基础知识的整合以及基础知识与应用的整合；医学领域跨学科研究则偏重验证的整合，即收集相关学科的数据共同验证某个问题。

综上，依据学术性目标与职业性目标并重的价值取向，按照跨学科博士生培养质量评价指标体系的目标指标、过程指标和条件指标的结构划分，遵循其评价指标体系构建的原则，同时结合以上的理论分析，本书跨学科博士生培养质量评价指标体系初次建构如表4-3所示。

表4-3 跨学科博士生培养质量评价指标体系初次建构

一级指标	二级指标	三级指标
跨学科博士生培养的结果	知识掌握	跨学科知识的掌握
		对相关学科思维方式的了解
	跨学科创新能力	研究方法的整合（人文社科领域跨学科）
		基础知识与应用的整合（工程领域跨学科）
		基于实验的验证的整合（医学领域跨学科）
	跨学科研究能力	能综合相关学科的知识和思想
		能对研究思路的可行性进行严格论证
		人均发表核心论文数及其跨学科影响
	领导力	能带领一个跨学科小组解决一个跨学科问题
		能把握跨学科研究的进度和节点
	团队协作能力	能融入课题组
		能协调好与课题组其他成员任务的关系
	超学科道德水平	社会责任
		能共享自己的研究成果和相关资料

表4-3（续）

一级指标	二级指标	三级指标
跨学科博士生培养的过程	招生	跨学科背景
		研究素质
	课程修习	跨学科课程量
		与研究方向一致的课程体系
		跨学科课程的基础性与前沿性
	导师指导	导师的指导频率
		导师组的指导频率
		导师和导师组的指导能力
	科研训练	参与跨学科研究的机会
		跨学科学术交流的机会
	学位论文	学位论文与跨学科研究项目的关系
		学位论文环节的执行
跨学科博士生培养的学术支持	资源提供	研究资源的共享
		增加跨学科博士生之间交流的场所
	激励	对优秀的跨学科博士生进行奖励
		实行促进跨学科博士生学习的政策
	交流机会	与其他相关机构交流合作的机会
		与研究方向的其他研究人员的交流频率
	经费资助	资助信息的传达
		资助的连续性与灵活性

　　初次建构的跨学科博士生培养质量评价指标体系分为一级指标、二级指标、三级指标三个层次。其中，一级指标包括跨学科博士生培养的结果、跨学科博士生培养的过程和跨学科博士生培养的学术支持。

　　（1）跨学科博士生培养的结果。这是跨学科博士生培养质量在培养效果上的体现，反映的是跨学科博士生在跨学科知识、跨学科能力和跨学科研究品质方面的目标达成情况，分为知识掌握、跨学科创新能力、跨学科研究能力、领导力、团队协作能力和超学科道德水平。

　　①知识掌握。包括跨学科博士生对跨学科知识的掌握以及对相关学科思维

92 跨学科博士生培养质量评价指标体系研究

方式的了解。研究表明，对跨学科知识的掌握与相关学科思维方式的了解是开展跨学科研究的前提和基础，能够反映跨学科博士生培养在知识掌握方面的效果。

②跨学科创新能力。跨学科创新能力是跨学科博士生区别于普通博士生的重要特征之一，也是跨学科博士生培养目标的重要组成部分。跨学科创新能力在不同领域的跨学科研究中有不同体现。研究发现，人文社会科学领域跨学科研究注重方法层面的整合，即用相关学科的思维和方法研究本领域的问题；工程领域跨学科研究更加重视应用，强调的是基础知识与应用的整合；医学领域跨学科研究则偏重验证的整合，即收集相关学科的数据共同验证某个问题。

③跨学科研究能力。跨学科研究能力反映的是跨学科博士生能否运用跨学科知识和思维开展研究。通过对跨学科研究过程的分解，发现跨学科研究能力主要体现在能综合相关学科的知识和思想、能对研究思路的可行性进行严格论证上，发表核心论文的数量及其跨学科影响也是跨学科研究能力的重要表现。

④领导力。领导力是跨学科博士生区别于普通博士生的另一重要特征，主要体现在跨学科博士生能否带领一个工作小组解决一个跨学科研究问题并能把握好问题研究的进度和关键节点。

⑤团队协作能力。研究表明，跨学科研究更加依赖不同学科背景研究者间的合作，这也是跨学科博士生培养的目标之一，跨学科博士生的团队协作能力体现在是否能融入课题组，并协调好与其他成员任务的关系。

⑥超学科道德水平。跨学科研究的特征要求从事跨学科的研究者能够共享研究成果和相关资料，而涉及跨学科研究的重大问题通常与人类利益密切相关，强烈的社会责任感也是跨学科博士生的重要品质之一。

（2）跨学科博士生培养的过程。过程质量是跨学科博士生培养质量的重要组成部分。按照跨学科博士生的培养环节，过程指标包括跨学科博士生招生、课程修习、导师指导、科研训练和学位论文五个方面。

①招生。跨学科博士生招生是跨学科博士生培养的首个环节，相关文献认为，跨学科博士生的录取应该着重考虑学生是否具有跨学科知识背景和基本的研究素质，这是跨学科博士生培养质量在招生环节的体现。

②课程修习。跨学科博士生的课程修习仍然是跨学科博士生培养的重要手段，跨学科博士生培养的特殊性要求跨学科博士生所修课程量更大，课程体系的结构要与跨学科研究方向一致，同时要针对跨学科博士生的知识背景，协调好课程的基础性和前沿性的关系。

③导师指导。由于跨学科博士生的学习和研究需要涉猎两个以上的学科，

跨学科博士生的导师指导通常是导师和导师组联合指导，导师和导师组的指导频率和指导能力反映了跨学科博士生导师指导的效果。

④科研训练。研究表明，让跨学科博士生参与跨学科研究是其重要的科研训练方式。此外，跨学科学术交流也能开阔跨学科博士生的视野、促进跨学科博士生的成长。参与跨学科研究的机会和跨学科学术交流的机会是跨学科博士生科研训练质量的重要体现。

⑤学位论文。研究发现，跨学科博士生的学位论文通常是跨学科研究课题的重要组成部分，学位论文从选题到完成需要经过多个环节，因此，学位论文与跨学科研究课题的关系以及跨学科博士生学位论文环节的执行情况反映了跨学科博士生在学位论文环节的质量。

（3）跨学科博士生培养的学术支持。这是跨学科博士生培养质量的条件指标，是影响跨学科博士生培养质量的关键因素，包括资源提供、激励、交流机会和经费资助。

①资源提供。跨学科博士生培养一方面需要整合多个学科的资源，另一方面需要加强与其他跨学科博士生的交流，学科间资源的共享和为跨学科博士生相互交流提供场所是培养跨学科博士生的物质条件。

②激励。跨学科博士生培养常在学科框架外进行，激励对跨学科博士生培养质量有正向作用。对优秀的跨学科博士生进行奖励和实行促进跨学科博士生学习的政策是对跨学科博士生的认可和激励。

③交流机会。为跨学科博士生提供学术交流的机会是跨学科博士生培养的重要手段之一。与其他相关机构交流合作的机会和与研究方向的其他研究人员的交流频率能够反映跨学科博士生学术交流的情况。

④经费资助。为跨学科博士生提供经费资助，是对跨学科博士生学习的鼓励，对跨学科博士生培养质量具有正向作用。资助信息是否有效传达、资助的连续性与灵活性反映了跨学科博士生经费资助的质量。

5 跨学科博士生培养质量评价指标体系的再建构

上一章完成了对跨学科博士生培养质量评价指标体系的初次建构，本章将对根据第四代评价理论所筛选出的三类利益相关者，分别是跨学科博士生、跨学科博士生导师和跨学科行政管理人员进行访谈并进一步收集相关资料，将初次构建的指标体系的内容以质疑的方式展示给被访谈者，从而发展出这三类利益相关者对跨学科博士生培养质量评价指标体系的再建构，并通过价值协商的方式形成相对一致的评价指标体系。

5.1 利益相关者群体内部的建构

5.1.1 研究过程与方法

本书选取某重点研究型大学（简称"H 大学"）创新研究院资助的 11 个跨学科博士生培养项目中 35 名跨学科博士生、6 名跨学科博士生导师、2 名管理人员（其中 1 名是 H 大学分管跨学科博士生培养的领导，1 名行政人员）进行访谈，访谈对象的分布情况如表 5-1 所示。

首先，有必要交代 H 大学开展跨学科博士生培养的背景。H 大学于 2007 年启动创新研究院，主要负责组织跨学科交叉研究团队、培养跨学科博士生和促进科技成果的转化。创新研究院通过资助跨学科交叉团队的方式开展跨学科博士生的培养，具体资助方式为跨学科交叉研究团队通过自行组建的方式，以学科交叉的国家项目为依托向创新研究院提交申请，创新研究院择优资助。2009 年，创新研究院资助了首批跨学科博士生，共 82 名，资助周期为 4 年。H 大学资助的首批 11 个跨学科博士生培养项目包括了 3 个医学领域跨学科项目、7个工程领域跨学科项目和1个人文社会科学领域跨学科项目。

其次，访谈人员的确定。被访谈的跨学科博士生是由各培养项目提供3至4名跨学科博士生，并在提供时考虑其是否开题以扩大其代表范围，调研小组根据提供的跨学科博士生名单进行深入访谈，再由这些学生提名其他的跨学科博士生。访谈以对跨学科博士生培养质量评价的建构达成一致即当随后的被访者没有再提供新的信息为标准结束访谈。对跨学科博士生导师的访谈，则是调研小组根据学校提供的导师联系方式进行自主联系，最终成功访谈到6名跨学科博士生导师。访谈到的2名管理人员，其中1名是H大学分管跨学科博士生培养的领导，另1名是负责跨学科博士生培养日常工作的行政人员。访谈内容涉及跨学科博士生的特征、对跨学科博士生培养质量的看法、对跨学科博士生培养质量评价的看法以及哪些因素影响了跨学科博士生的培养质量。访谈中尤其关注跨学科博士生在跨学科研究项目中的学习体验，包括收获和困难。访谈对象的分布如表5-1所示。

表5-1　访谈对象的分布（人数）

访谈对象	博士一年级	博士二年级	博士三年级	博士四年级	博士五年级	总计
跨学科博士生	4	7	14	9	1	35
跨学科博士生导师						6
管理与行政人员						2

调研小组成员包括7名跨学科博士生培养质量课题组的博士生和硕士生，整个调研活动持续约半年的时间（2013.9—2014.3）。访谈时，访谈人员需要向被访者提供之前被访者对跨学科博士生培养质量评价的看法以及上一节中所整理归纳的相关文献和理论分析的信息，让被访者做出评价，以此挖掘出各利益相关群体内部的连接性建构。访谈时间为40分钟到1.5个小时不等，访谈结束后对访谈录音进行逐字整理。访谈过程中调研组不定期讨论各群体的建构，同时邀请课题组的教授参与讨论，获得了很多有益的建议。

5.1.2　跨学科博士生群体对跨学科博士生培养质量评价的建构

笔者进行了两轮对跨学科博士生群体的访谈。第一轮采用开放式访谈，内容主要涉及对跨学科博士生的特征、跨学科博士生培养质量及其评价的看法并重点描述了自己的学习体验。第一轮访谈的主要目的是获取尽可能多的有关跨学科博士生培养质量评价建构的信息。在第一轮访谈结束时，笔者发现跨学博士生群体的建构已经相对清晰，一些重要信息经常被提及。第二轮访谈采用结构式访谈，访谈对象是还没有形成清晰建构的那些被访者，让他们同样有机会对第一轮形成的比较清晰的建构做出评价。第二轮访谈的主要目的是在群体内部验证上轮访谈所形成的建构。访谈地点通常是被访者所在的实验室。

5.1.2.1　跨学科博士生培养质量的体现

（1）知识面广。

跨学科博士生普遍认为知识面广是跨学科博士生区别于单一学科博士生的首要特征。知识面首先决定了看待问题的高度，相关学科知识的掌握一方面使得跨学科博士生对所研究问题的意义有更深层次的认识；另一方面也使得跨学科博士生关注范围更广、思维更加开阔，有助于研究者以跨学科的视野看待和思考问题，有利于科学研究的创新。

我觉得跨学科博士生与普通博士生最大的不同就是知识面不同，站的高度就不一样。一般来说博士生研究问题要定一个背景吧，你研究这个有什么意义。假如说我研究颗粒物，仅仅说颗粒物危害很大，但是这句话说多了比较空泛。颗粒物发展下去就是雾霾，那雾霾有什么危害呢，就没有那种更实际的证据，如果跟医学那边结合起来，说出来的话更有信服力。整个论文从产生到最后，虽然最后危害那部分不是我做的，我没有数据来证明它具体有什么危害，但是我知道它一个大概的情况，它会作用到肝脏、肺部之类，比方说颗粒物它会富集在肝脏里面形成结石。然后我大概知道机理，我就会在背景里面写得很饱满。如果是普通的博士生就不可能关注很多方面，就可能只关注这一方面。

（2）思维开阔。

跨学科博士生的另一个重要特征就是思维更加开阔。相较于单一学科博士生，跨学科博士生能够综合运用不同学科的思维对所研究的问题进行思考，这对寻找跨学科研究的切入点有很大的帮助。

硕转博的时候，我当时也考虑直接转我们院的博士，后来又觉得即使能做出新的东西但还是局限在我们实验室的这个框架之中，只是煤——颗粒物，要么燃前去除要么燃后脱除，就是跳不出这个框架，现在进入这个跨学科团队后发现了了解其他的学科和领域就不一样了，思维变得开阔起来。交叉这种东西很容易出成果的，很容易出创新点，这的确是很大的收获。

进入这个团队以后，我接触到了不同领域的人、不一样的思维方式以及不同的实验手段和方法，这对我来说很有帮助。我的方向是燃煤颗粒物的控制。为什么控制颗粒物，颗粒物具体的危害性都来源于文献报道，没有很直接的直观的证据。而现在我可以清晰地了解颗粒物中富含的重金属元素，Fe等元素是如何作用于人体并带来危害的，这样我就可以从危害性的方向来指导颗粒物浓度、粒径的控制。

（3）较强的跨学科研究能力。

相对广泛的知识结构以及对不同思维的整合，使得跨学科博士生能够从跨学科的视角思考所关注的问题，并将相关学科的知识、方法、思维有效地整合在一起展开研究。跨学科研究能力较强是跨学科博士生的重要特征之一。需要注意的是不同领域的跨学科研究能力有不同的体现。

人文社会科学领域跨学科研究比较重视研究方法的整合。

我的选题主要是偏向公管的，在研究方法上可能需要其他学科的支持，比如社会学的一些方法，看他们的问卷设计和访谈是怎么做的，然后看看应该注意什么事项，怎样才能达到访谈的目的。数学系和统计系的帮助主要是具体的数据处理，他们可能在对软件的运用、数据的处理以及怎么解释具体的分析结果上可以给一些更详细的指导，包括对我们研究结果的检验和修正，也就是说统计这一块给你的帮助就是数据的处理，而社会学给你的帮助就是指导你如何来调研、告诉你调研方法和问卷的设计这一类的。

工程领域跨学科研究重视相关理论知识与技术或产品的整合。

比方说在我目前的研究就要跟应用领域结合起来。我本身做的研究是分子生物学，比较偏基础一点，考虑到能源团队的话可能最后还是要把我做的这个研究落实到应用上面。就是说，机理研究清楚了之后，调控的机制研究清楚了之后，怎样把我这个东西用到能源、环境领域，就是要跟应用联系起来，可能会把调控和酶学性质研究清楚后再进一步跟这方面多做联系。

医学领域跨学科研究更加重视应用层面的整合。

我举一个跨学科研究的例子吧。我们基础医学院有一个教授，他去年在 *Nature Material* 上发了一篇文章。他是做肿瘤研究的，但是他在这个杂志上发表文章我想这里面完全是体现了一个学科交叉、跨学科的优势。怎么说呢，我就觉得材料应该是工科像材料学院发的这些文章，我们发现了一些比较好的材料怎样用于什么生物制品啊之类的。因为我们不是本门专业，但是我看了他的文章，他跟材料学院一个教授合写的，他就说肿瘤细胞在他们的材料上面能够进行一个特定的、选择性的分化和分选，就是把肿瘤生长所需要的一些因素结合在一块了。这篇文章分数是很高的。这就是一个非常成功的例子。我觉得医学方面的研究还是着重在应用上面，像发病机制的研究，还有刚提到的肿瘤细胞的分化，都是在用其他学科的知识，无论是理论知识还是相关技术。借鉴其他学科的研究成果对医学的研究非常重要。

（4）较强的解决问题的能力。

在跨学科研究中，总会碰到一些超出单一学科框架的问题。跨学科博士生常常需要依靠自己的力量去寻求帮助并最终解决这个问题。这个重要的经验使得跨学科博士生具有较强的解决问题的能力。

进入这个团队以后我觉得自己解决问题的能力提高了。像以前遇到问题的话一般会自己查下文献，然后跟老师、同学讨论，但是一些超出学科范围的问题就不知道怎么解决也不知道从什么地方开始解决。现在因为接触到了一些其他学科的知识，也认识了一些其他院系的博士生，遇到一个问题我会多方面请教，而且也会参考下其他学科的文献，必要时请其他老师帮忙。就比如我要做一个电气方面的实验，这个实验是需要在真空条件下进行，要搭建像电磁线圈一类的设备，可是我不太懂如何做出满足这个实验条件的设备，因其涉及很多物理学的知识，那我就会先去跟物理系的博士生交流，然后去找相关的资料，可能还要物理系那边的老师帮忙。如此一来，解决这些问题的能力也就变强了。

攻读博士学位是很锻炼人的。怎么说呢，就是在面对一个跨学科问题的时候，其实没有谁会帮你解决，包括导师，因为我们研究的是上帝都不知道的东西，是没有人知道的东西，是非常前沿的东西。那这个时候，就算是导师，他也只能给你指点方向，给你引引路子，最后是不是能达到那个地方，谁都不知道。遇到某一个未知的现象，首先要能够综合各学科的知识、协调不一样的学科思维，同时要开始动手做，在做实验的过程中找到新的思路，可行性很重要。在这个过程中肯定会遇到各种困难，你怎么想办法去解决、去克服这个困难，这个过程对博士生的锻炼非常重要，以后再遇到未知的难题，至少知道从哪些方面去克服和解决。

（5）团队协作能力。

跨学科博士生研究的通常是团队项目中的某个子课题，相关研究的开展常常需要集结多学科的知识，必然避免不了相互之间的讨论与合作。合作研究的经历让跨学科博士生有更强烈的团队意识、较强的表达能力和与人沟通的能力。

我们这些跨学科的博士生，团队意识更为强烈一些。因为选题是大方向的一部分，不可能凭一个人的知识和能力完成，所以我们会更注重自己在团队里应该充当一种什么样的角色，应该怎样和别人沟通，如何让别人了解自己的思想。毕竟人与人之间交流的话会有很多内容，就是通过这样一种跨学科的审题，让我们跟别人有更多交流的机会，然后在团队合作里也可以学到更多的东西，有一种合作的意识。

因为研究需要我们团队的博士生定期碰头，组内一般一个礼拜开一次会，所以也就在无形中锻炼了表达能力。而且有时还要跟其他专业的博士生讨论，这就需要尽可能表达清楚自己的意思。比如这个问题解决过程中需要哪些学科的理论来支持和支撑。在与其他学科的学生进行交流的过程中可能别人不了解你要干什么，你为什么要这样做，也就是说你跟他交流需要把你这个学科的背景、整个研究的背景跟他说清楚，我要解决的是什么样的问题。

（6）博士学位论文的贡献。

博士学位论文是博士生在博士阶段最重要的研究成果。跨学科博士生也不例外，跨学科博士论文是跨学科博士生的知识与跨学科研究能力的集中展现。论文的质量主要表现在论文的创新上。

跨学科研究是研究的一种手段或者方式。我觉得跨学科研究的根本还是解决问题，是因为解决问题的过程中需要用到其他学科的相关知识或方法，因此才会涉及跨学科研究。就比如我的博士论文，我是研究病理机制的，需要生物、工程那些学科帮忙做实验，检验实验数据才能共同完成我这个论文，所以我觉得核心还是东西做出来没，问题解决了没。

5.1.2.2　跨学科博士生培养质量的影响因素

（1）课程。

课程是跨学科博士生系统获取本领域知识与相关学科知识的重要来源，课程量、跨学科课程所占比重对跨学科博士生的知识掌握有重要影响。而跨学科课程的授课是否能兼顾学科领域的基础性和前沿性十分重要。

我觉得课程也蛮重要，但是我觉得往大了说，这跟博士的一个教育理念有关系，我们博士有时候会觉得以科研为主，包括硕士生在内，课程相较科研是在一个次要的位置。但是真正到后来，到现在，导师也经常强调包括我自己也觉得在做科研的时候基础知识是蛮重要的。就课时的安排上博士生的培养体系里能不能占的比例更重一点，这样课程的蛋糕做大之后跨学科的课程就会有更大的空间。毕竟现在你的课时就这么多，还必须修完本学院的专业课程和必修课程，这样可能留给跨学科的就没有多少时间了。

就我这个研究方向而言，跨学科的研究主要体现在研究方法上面，我还是希望有关的课程开设能更加完善一些。对于这些课程，我个人的观点是越多越好，因为有的东西真的要反复学，要学得很细致。我们团队内部也会经常请老师过来讲方法，大概一两个月吧，感受是当时好像听懂了，但是自己要用的时候又好像不会了，这时老师已经走了，就只能自己去看书或者向别人请教。但是没有基础的东西做支撑也很难跟别人讨论，还是希望能系统地开设方法类的课程，在掌握了比较系统的基础知识后，再结合我们的研究方向搞一些研究案例，这样的话研究方法就掌握牢固了，跨学科方法的使用也比较规范。现在还是感觉一知半解的。

（2）写作学位论文过程中导师组的指导与导师的鼓励。

跨学科研究涉及多个学科的知识以及相互之间的合作，所以一般会由来自各相关学科的导师组成导师组对跨学科博士生进行定期指导，及时为跨学科博士生提供帮助。另外，在跨学科研究的过程中，可能会面临比单一学科博士生更多的问题，导师的鼓励对跨学科博士生研究的开展有很大的影响。

我们组定期会有个例会，平时是自己的导师在指导你嘛，但是例会其他老师都会去，他们就会提很多你没有想到的问题，这些问题会使你继续思考。

可能是由于我们整个研究方向的关系，我们做的这部分研究跟团队的其他几个学科联系不是很紧密，导师也很忙，我都不知道我们这个团队的其他院系老师有哪些，团队也没有什么活动，就是没什么渠道去认识他们，他们也没怎么指导过我们，所以感觉是虽然名义上有导师组的存在，实际的作用却没发挥出来。

我们虽然也有导师组指导，但是一般是在需要帮助的时候去找导师组的老师，导师亲自指导课题的进展，督促课题的进展，探讨课题问题。无论我们有什么不切实际的想法，导师都会给我们自信，鼓励我们。我觉得这一点很重要。在实验的设计和操作中，他都会耐心帮助我们，给我们很大的帮助。

（3）学位论文与交叉团队的关系。

跨学科博士生的学位论文与跨学科研究团队的研究主题有密切关系，博士论文通常是跨学科研究课题中的一部分。跨学科博士生在进入跨学科研究团队时就已经确定了大致的研究方向，并围绕这个方向制定相关的结构化训练环节。博士论文与研究项目的密切关系对跨学科博士生培养质量有重要影响。

我的学位论文方向仍然是跟随我导师这边做的，跟团队的研究方向基本上没有关系，所以我一直都不知道我是跨学科博士生，是后来我有一个学弟他说他是创新研究院的，结果上个月发钱的时候，多了 2 500 元创新研究院的钱，我才知道我是创新研究院的。我是反复跟创新研究院的人打电话，才知道我是这个团队的。我都没有去过那边，都是跟着自己的老师做项目。我觉得我就跟普通的博士生一样没什么区别，不管是在培养还是其他的方面。

（4）相互交流的机会。

相互间的交流对跨学科博士生的培养质量有正向影响。跨学科博士生之间的交流有助于让跨学科博士生感受不同的学科思维，在讨论中解决研究中自己无法解决的问题。与跨学科博士生导师及导师组其他老师的交流，能够在跨学科整合方面提供很多思路，有助于跨学科学位论文的完成。

我们团队内部的交流还是比较频繁的，主要是报告比较多，一般要体现你近期的研究成果。组内报告会是一个星期一次，也有大组报告，大组的活动就没有小组那么频繁，大组团队可能一个月一次。以前很频繁，是半个月一次，最近学生太多了会议室有点坐不下才分的小组，自己在小组内先进行报告然后大组再开会。报告会一般也有老师参加，有的时候小组内的讨论是师兄师姐们召集，导师也会来。大组的讨论会导师肯定会出席的。主要目的就是让导师给意见，看你的研究切入点到底如何、可行性怎么样、需要做哪些调整。我觉得我们实验室抓得紧，团队内部经常开会碰头，交流得比较多，对我做博士论文和相关能力的锻炼，还是很有好处的。

我们团队跨学科博士生之间的交流机会不是很多，我觉得这点需要改进。交流不一定非要讨论某个主题或者以做报告的形式进行，也可以大家一起吃个饭啊什么的，彼此熟悉下，了解了解大家都是做什么研究的，可以多交流下，以后做研究的时候如果碰到需要的学科知识、方法什么的我就可以找他帮帮忙，也有个比较懂的人可以一起讨论。

工科领域跨学科博士生大都认为与业界的交流有助于跨学科博士生了解从基础相关知识到技术或产品成型的过程，能帮助他们实现相关基础知识与技术的整合。

因为我是搞计算机的，这个收获有点非主流。你搞计算机的出去肯定是开公司，赚点钱啦，这几年在这方面我收获不是特别大。主流上的帮助不是特别大，比如做一个产品，我下面会有很多硕士和我一起做，就是试验用的东西，这种产品和真正外面卖的产品差距是特别大的，包括我们做事的效率也特别低。我觉得这个东西要公司来做，十天半个月就做好了，我们可能做半年都做不好。

问：那是什么原因呢？

答：第一个我们是学生，没有什么经验，有种闭门造车的感觉，我们想怎么做就怎么做，交流比较少，和校外交流比较少，和校外真正做产品的人交流少。我们是学了很多东西，这不是说完全没有帮助，也是有帮助的。以前计算机在这方面的应用会比较少，大家就是做个游戏、网站、手机软件这种性质的，比如说真正的大型的实验装置上的计算机系统，可能也还有少数公司做，如果能够跟外面相关的公司进行合作，看看别人怎么做的，我觉得会有更多启发。

（5）跨学科博士生身份归属。

对跨学科博士生身份的认可有助于提高跨学科博士生培养质量。学校及相关培养小组认可跨学科博士生的身份，让他们意识到"我是跨学科博士生"，有助于培养他们跨学科研究的意识，并提高以跨学科博士生的标准来要求自己的自觉性，有利于培养目标的实现。同时，增强归属感也能进一步促进博士生相互之间的交流，有利于跨学科博士生的培养。

当时报这个跨学科博士生，就说是除了相关的毕业证和学位证外，还有一个创新研究院的证书，但是我们上一届毕业的跨学科博士生都没有这个东西，有时候就觉得我们跨学科博士生跟普通博士生没什么两样，就是毕业标准高一些而已。我并不是说这个证书有多么重要，但是至少能够为我的跨学科的学习提供一种证明吧，因为确实付出得更多一些。

最大的问题是信息沟通很不畅，像毕业标准、我们跨学科博士生的培养方案、培养目标什么的，我都不清楚。咨询的人也不知道。像是毕业标准我9月份问了一次，说马上就出来了。可是这个学期就要结束了他还不知道。总之就是没人管。

我觉得交流特别重要，最好是隔一段时间把我们都集中起来搞搞什么活动之类的，做什么事都是要先互相认识才好办，现在的主要问题是不能有什么事儿都去找老师吧，老师也挺忙的，一般要认识相关专业的同学的话，都是先找别的专业的博士生问问看。搞搞活动认识认识人挺好的，最起码也可以有个喝咖啡的地方，这样既便于交流，又能够让我们更有归属感。

（6）资助的激励作用。

经费资助当然是影响跨学科博士生培养的另一关键因素。对跨学科博士生的资助方式多种多样。首先，资助信息的传达渠道要通畅，跨学科博士生能够及时地知晓资助信息。其次，对跨学科博士生的资助要兼顾连续性与灵活性，为跨学科博士生的学习提供经费保障和激励。

我们就是比普通博士生每个月多500块钱，其他没感觉到有什么区别。你说这500块钱能干什么呢？是想起到一个激励的作用吗？从长远来看一个月多500块钱真是不算什么，要说激励的话也没起到一个激励的作用。我觉得可以改变下这个方式，比如说设立一些跨学科博士生创新基金、对跨学科博士生拿了什么奖的话进行奖励，等等，资助方式可以更加灵活一些。

问：好像是有创新基金的申请的。

答：这些信息我都不知道，也没人通知，就感觉创新研究院好像不太重视。

（7）研究资源的共享。

跨学科博士生的培养需要集结相关学科的研究资源，如实验设备的使用、相关学科导师的指导和帮助等，而学科化的院系制度成为跨学科博士生研究资源共享的组织障碍，因而需要相应的跨学科博士生培养的管理组织予以协调。

刚进来的时候，我们觉得创新研究院有新的大楼、新的实验室，我们以为会搬到那边去，会有硬件平台支持，就是做实验需要很多仪器，大型的设备。因为有的设备也在其他院系，如果要用其他院系的设备的话，非常麻烦，要申请审批什么的，等的时间也长。后来说可以整合下搞个跨学科实验室，但实际上根本没有。可能很多事情都是那样，刚开始提出一个设想规划，看起来很好，落实起来就没有那么好。

问：是什么原因没有落实啊？

答：搬进去需要实验室出很多的钱，它只是把那个楼租给你用，就相当于你搬到我们那里去，每年得交多少租金，我们属于理科，不像工科那么有钱，就没搬。我觉得这一点很不应该，因为整合这些资源是创院应该做的，应该为我们跨学科研究创造条件，要不然要创新研究院干什么。

根据调研结果，得出跨学科博士生群体对跨学科博士生培养质量评价的建构如表5-2所示。

表5-2　跨学科博士生群体对跨学科博士生培养质量评价的建构

一级指标	二级指标
跨学科博士生培养质量的结果体现	知识面广 思维开阔 跨学科研究能力 解决问题的能力 团队协作能力 博士学位论文的贡献（创新）
跨学科博士生培养质量的影响因素	课程 在写作学位论文过程中导师组的指导与导师的鼓励 学位论文与交叉团队的关系 相互交流的机会 跨学科博士生身份归属 资助的激励作用 研究资源的共享

5.1.3 跨学科博士生导师群体对跨学科博士生培养质量评价的建构

本次调研对 6 名跨学科博士生导师进行深入访谈，访谈人数受到跨学科博士生导师接受访谈的意愿以及与导师的时间协调不一致的影响，使得访谈人数偏少。从访谈结果看，跨学科博士生导师对跨学科博士生培养质量评价的看法比较一致，很多相关信息重复出现，建构的框架比较清晰。

5.1.3.1　跨学科博士生培养质量的体现

（1）知识面广。

知识面广、视野宽阔仍然是跨学科博士生培养质量的重要体现。随着研究的进一步深入，学科交叉的趋势愈加明显，使得进行相关研究的博士生需要具有跨学科的知识和背景。

像我们这个新能源领域，它完全是一个新的学科了，而且涉及的面很广，不像是之前的单一的一个学科，哪怕是一个工学大学的学科都解决不了的。而且随着研究的深入、技术的发展，波及的面越来越广，特别是能源涉及经济、社会的各个方面。所以从我们的团队来说，即使没有创新研究院这个平台，我们也会要求从事相关研究的学生具有这些跨学科的背景和知识。因为我们原来是搞热化学的，主要是做燃烧，现在就做一些像汽化压、热解，像化工的产品不是单纯去做能源还要做化工产品，必须要具备化工、化学等基础知识。

（2）具有与研究方向相适应的跨学科知识结构。

跨学科博士应该是既博又专的人才，需要对与自己的研究方向相关的跨学科知识比较熟悉，并在此基础上精通对某个领域的研究。这就要求跨学科博士具有与研究方向相适应的跨学科知识结构。

博士所专注的领域一般比较细，具体到每个交叉学科领域，需要的跨学科知识结构也是不一样的，既然从事相关方面的跨学科研究，那就需要对相关的跨学科知识有比较深的了解，在这个基础上才能去谈跨学科的创新。

随着研究的不断发展深入，项目本身也是朝着多学科的交叉融合方向发展的，所以必然就要求承担项目的这个导师和项目组，特别是刚才说的具体去实施这个项目研究的博士生，具有跨学科的这样一种基本的知识结构，以及能力，还有视野。

（3）独立的跨学科研究能力。

跨学科博士生培养的一个重要目的，就是使跨学科博士生获得独立的跨学科研究能力，这也是评价跨学科博士生培养质量的一个重要指标。在这个过程中，学生要通过对不同学科知识的整合，找到跨学科研究的突破点，独立地完成整个研究过程。在这个过程中，跨学科博士生面临的重要问题就是如何协调不同的学科思维并最后解决问题。

跨学科博士生培养最最重要的，也是最核心的，是去了解和掌握相关领域不同学科不同方向的最新的一些东西，然后他自己再去积极主动地思考，去提出新的研究点，这是一个最核心的东西。

工科和理科之间的思维差别非常大，比如我做一个电源，在工程上的话就选参数先把架子搭起来之后再调试，你可以参考别人的经验；但是如果把这个问题拿给学物理的，他就会通过原理的分析，很仔细的分析，然后用方程计算出来，但对工程问题不熟的话可能有的东西想不到，而且进度也会很慢。也就是理科的思维比较偏重原理的分析，进行方程计算，缺点是不好实现；而工科思维偏重于模仿，由于强调实用性，研究常常依赖于经验，但实现的形式可能是不优化的。

（4）跨学科创新能力。

创新能力是内嵌在跨学科研究能力中的，一般表现为跨学科博士生主动探索交叉学科领域的素养。无论跨学科博士生的培养是指向未来的科学家还是企业的高级技术人员，都需要具备创新的能力和基本素养。

学生能够在这期间尽可能多地去了解和掌握他所从事的领域里面最新的研究方向和一些研究方法，他自己要思考和探索一些新的方向，至少是去思考这样一些问题，而不是说导师让他怎么做他就怎么做。我们希望通过对跨学科博士生的培养，前一两年让他去做，到了第三年甚至是更早一点让他来提出我觉得这个应该怎么怎么去做，这个才是我们培养高水平博士生的一个目标。培养他去主动探索领域未知的创新素质吧。

不是说他发了多少篇文章，或者说最后的论文完成就能毕业了，这些东西实际上关键是看文章的核心或者论文的创新点是他自己提出来的还是导师提出来由他去完成的，这是两种完全不同的结果。我们更希望看到学生能够独立提出新的方向并完成它。当然可以肯定的是还是需要导师指点，但是他自己至少要占到一半以上的贡献才算完成了这样一个培养的目标。

（5）较强的解决问题的能力。

解决问题的能力是跨学科博士生能力的集中体现。无论是以科研为业，还是成为一名技术人员服务于企业，其根本都是要培养其较强的解决问题的能力。

你说理想中的毕业生怎么样，完全做科研比较好的，或者在企业也做得很好。有的学生做科研强、思维能力很强，遇到一个问题他总能想出一些比较新的点子。有的学生不太擅长科研，但他可能在实际中解决问题的能力会很强。把东西做出来也是跨学科能力的重要体现，归根结底，都表现在解决问题的能力上。

（6）领导力和团队协作能力。

一方面，跨学科博士生的培养指向是培养更优秀的博士生，通常要求他们具备基本的领导素质，即至少能够带领一个跨学科小组解决一个跨学科问题，并且在问题解决的过程中能够把握跨学科研究的进度和节点；另一方面，跨学科的工作情境还对跨学科博士生的团队协作能力提出要求，需要他们能够很好地融入课题组，并能协调好本人的课题任务与课题组其他成员完成子课题之间的关系。

我认为在所培养的博士生中，做研究的毕竟是少数，这是社会规律，而大多数人走向非学术的工作岗位，需要博士生带领一个小组、一个方向完成一个项目、解决一个工程问题。博士的特点就在于博，通过对相关学科知识的了解而能够把任务进行合理的分配，并能准确地把握整个研究的进度。另外，就是性格要好，开朗一些，能够融入课题组，有基本的团队协作能力，氛围要好。

5.1.3.2 跨学科博士生培养质量的影响因素

（1）生源质量。

学生原本的学科背景和研究素养对跨学科博士生培养质量有重要影响。在跨学科博士生招生时，导师们会着重考虑学生的跨学科研究素质。

我们做的是能源材料，能源材料归根结底做的就是电化学处理、能源与能量的转化、能源动力的转化、储存与转换。其实我们既涉及材料学又涉及化学，还涉及一些比如说器件，要求具备与电子及相关的知识。其实我们还真的是处于交叉学科的，特别是交叉比较紧密的是化学和材料学，与其他的学科也有一定的交叉，我们确实需要这些跨学科的人才，所以从其他学院招生，并且我们也是一直是这样宣传的。我们有一个明显的例子，原来有一个现在已经毕业了，现在在美国做博士后，他原来是做跟化学材料没有任何关系的，他是到我们这边读博士，现在去了美国。因为从不同的学科背景来的，他的想法会不一样，有不同的想法，做的时候从不同的方向可以带来一些新的灵感。

我想当然是应该要有想法，或者说是创新能力吧。有的学生，特别是从本科生招过来的，或者是有的本科生他本身学习成绩很好，但是他在做研究期间，他不一定能够做得很好，因为做研究更重要的是个人的创新能力，个人综合的素质，不仅仅是课堂上跟着老师学习知识的能力，它和这个是不一样的，当然他的这种最基本的背景我们也会考虑，还要了解其对学习和研究的定位和态度，如从事科研的态度是随波逐流的，还是自己的定位都没有搞清楚的，我们就不会予以录取。我们特别看中的是这个人的创新思维，这个应该是最重要的。

（2）招生方式。

招生方式影响了跨学科博士生的生源质量，因而对跨学科培养质量也有重要影响。

当我们在选择这个跨学科博士的时候，创新研究院本身也提供了三种类型的博士生，一个是硕博连读，还有直博的，再就是外面考的。但实际上后来外面考的基本上都未选录了。就是说通过看成绩，或者一个简单的面试很难判断他是否具备创新研究院博士的条件。实际上，直博生也存在这样一个问题，直博生本科毕业保送直接让他成为博士生，能否符合条件也是不能保证的。所以绝大部分都是录取的硕博连读。因为他毕竟在熟悉的导师门下，大部分都知根知底，对他的基本素养、科研能力，特别是积极主动的科研态度较了解。

（3）独立负责子课题的经历。

跨学科博士生导师普遍认为独立负责某个问题的经历对跨学科博士生的跨学科研究能力、团队协作能力的培养以及把握跨学科研究的进程、协调相关任务有重要影响。

在课题研究的过程中，导师可以将某个事情分配给他，让学生可以独立地去完成这个事情，一方面学生自己会感受到导师的信任，能增加自信心，培养学生的责任感和成就感；另一方面就是帮助学生融入课题组，因为你要负责某个事情，就需要协调方方面面的工作，免不了与团队的老师、学生打交道，这对培养学生的合作精神、提升团队能力、与人打交道的能力等都有非常大的帮助。

（4）特殊的培养体系。

跨学科博士生培养质量的核心在于学校或者团队能否为跨学科博士生提供一种特殊的交叉的促进跨学科博士生发展的培养体系，这不能只体现在课程上。在整个培养过程中，课程当然是一个核心，包括课程在内的培养方案是评价的重要方面。

课程设置体系需要加强，因为有交叉学科，他的这些选题，包括他的研究生课程肯定要进行一些改变。在培养上面，假如我们制订一个5年的直博生的培养计划，进行特殊的培养，我们的老师为学生设定一定的培养体系，要求更高一点，出来后就会更优秀一些，既然是创新、特殊人才的培养，那就肯定是比较优秀的学生，必须进行特别的培养，如果是这些都不能做到的话，那就很难表现出作为学校博士生培养的创新研究院的特殊性，这个很难做到。我们还开设了一些交叉课程，还要求国外的专家来做讲座。有了这样一些面对面的机会可能对了解的深度，或者学习的效果就更明显了，交流平台很重要。

既然是一个新的培养体系，你可能要逐步地适应。当然也有所谓的交叉课程，但实际上和我们原来院系里面要求学生去选跨一级学科课程是没有太大区别的，而且学分占的比例也就一两个学分，很少，很多学生就是为了拿那个学分才去学的。实际上它并没有真正起到推动学科交叉的目的，可能不仅仅在课程这块，在其他方面也要推动。一个是从制度上要求，还有就是创造条件鼓励支持开展这样的跨学科交流活动，把相关的一些培养体系建立起来。包括培养方案、课程设计考核指标这些方面都要有一些新的东西出来，这样才能够真正地促进研究生的培养。

（5）交流。

交流是跨学科博士生培养的重要手段，常常包括在培养体系之中。交流一般包括团队内部的交流和与其他机构的交流。交叉团队涉及了与项目有关的多个学科，学科之间的交流非常重要，除老师们的互相交流外，要更多鼓励学生之间的交流，为他们创造条件促进学生之间的交流。

交叉就是要多进行一些内部交流，形式别太单一化，毕竟学校的创新团队应该有10来个吧，其实有些创新团队我们之间的联系特别多、关系特别熟，可以进行区别对待，不要把这10个团队放在一起进行交流，导致交流中风牛马不相及就不好了。必须要是相关学科在一起进行交叉交流，效果才能更好一些，涉及学生之间的交流、创新团队导师之间的交流。

团队里面，首先我们是可以互相地交流，包括项目上的合作。现在有几个我们承担的比较大的项目都是我们团队里面的老师在合作。我们现在要去申报一些大的项目必须要有不同学科的成员来参与的，我们正好可以依托创新研究院这样的一个平台，去申请甚至主持这样一些大的项目，这些项目拿回来之后，工作也主要是交给博士生来开展。在开展过程中，我们在一个平台上面，除了内容上可以相互交叉，我们在研究的设施上也都是可以共享的，这实际上也是平台提供的一个很大的便利。

希望老师们聚少一点，一年一两次，但是学生可以经常聚一聚。但是好像创新研究院也开展了一些活动、组织了一些学术交流活动，但是我觉得更需要的是各个团队自己的交流活动，特别是学生之间的学术沙龙，或者是类似的一些交流活动。但是搞活动肯定需要经费的支持，但是学校这块没有具体去落实，相当于学生交流这块没有充分开展起来，实际上学生和学生之间特别是这种来自不同学院不同研究方向的学生之间的交流是非常重要的。希望创新研究院能够资助学生之间的，哪怕是出去玩一玩见个面，至少可以做朋友，这也是很好的一个资源，不管是在学校里面还是以后走向社会这都是一个很好的资源。

与团队外的交流则涉及产业界的交流和校外其他研究机构的交流。这对跨学科博士生的培养有重要影响。

创新研究院提供的一些出国开会的一些条件，一个是走出去还有就是引进来与国内外的专家学者特别是本领域一些顶级的专家交流的机会，那么这个学术交流应该也是很重要的。这样的话，学生毕业之后就具备了成为一个独立研究者的条件，能够做出一些很好的成果，或者成为一些研究型的未来科学家。

我们在学生的学习期间会让学生去一些公司的一些生产线去实习去发展，并且我们也有很多跟公司合作的相关项目，学生既能了解一些技术方面的也可以知道实际生产中需求的一些东西。我们理想中的毕业生就是能根据他们自己的特点、兴趣和爱好，包括我们培养过程中也是这样的，根据这些兴趣爱好，对将来进行定位，是想去继续科研还是想去企业，我们希望有这两方面的选择。

（6）归属感与身份认同。

跨学科博士生的培养要有一个目标指向，在跨学科博士生进校之初，就明确地知道"我是跨学科博士生""我毕业的时候要达到什么样的目标""要注意哪些方面能力的提高"，以提高跨学科博士生自我培养的自觉性。

我觉得对学生你应该告诉学生你属于创新研究院，你归属于这个团队，应该以创新研究院为自豪，我是创新研究院的，我跟别人不一样，我是相对比较优秀的一类学生。而当前，创新研究院仅仅是一个框架，学生虽然属于创新研究院，但却并没有感觉到创新研究院这种特殊的氛围，只不过是每个月多发了500元钱。然后就是参加了几次学术活动，除此之外也没有看到什么特别的，所以使学生能够感觉到特别、老师也感觉这个学生不一样是很重要的。

对学生的这个角度，学生的培养的角度，能够制定明确的相关的制度，到底是什么样的要求，学生自己都不清楚，还有的学生读了一年多还搞不清楚自己到底是不是属于创新研究院的。因此要让学生知道自己是属于创新研究院的，在这里几年以后应该达到一个什么样的目标，完成一个什么样的培养计划。

（7）学位论文的环节的导师组指导。

导师组的指导也是跨学科博士生培养质量的影响因素之一，应该发挥出导师组的指导作用，通过制度明确导师与导师组的指导责任，尤其是在学生的学位论文的指导过程中。

我觉得还有一个好的方法，比如说现在可能是一个团队或者一个老师针对某一个对象，比如事先说，只要是不同的人，学院都能培养某一个学生，我们应该真正地从老师培养制度上做到交叉，就是说某一个学生不仅仅只来自某一个老师，还可以来自几个不同的老师，或者谁主要负责谁次要负责，就是辅助的指导也是可以。

其实三年级以后绝大部分都是靠学生自己，然后我们通过定期会议的方式给以指导，大部分都是学生自己开展相关的研究，但是导师组的定期检查也是非常重要的，包括对学生提出的解决方案的可行性、研究进展等都应该有个把握。尤其在指导学生的学位论文上，相关的开题啊、中期进展报告等，都要在操作层面实行起来，而不仅仅是培养方案上有，这对学生的跨学科研究是十分有利的。

（8）跨学科实验室的建立。

跨学科博士生培养需要集结多学科的资源，而跨学科实验室的建立，可以保证资源的共享，并促进博士生与其他科研人员的交流，是一种重要的培养方式。

我们团队本来是要成立一个武汉新能源研究院，这是我们学校和武汉市政府联合打造的产学研孵化器，这个差不多是跟创新研究院同期的，当时正好创新研究院搭建了生物质的平台，我们就整体进入了武汉新能源研究院。武汉市政府要建一个新能源大楼，到时我们生物质团队能就在里面进行研究，但是这个项目到现在都没有完成。我们还设计了几个研究室，还有××车间，当时规划得很好的，大家一起都到那边去，这样距离近了就便于交流。可是最后因为种种原因，这个楼也迟迟建不起来，总之挺遗憾的。

（9）资助的激励作用。

跨学科博士生培养常指向那些最优秀的博士生，经济层面的资助是必要的。但应该注意发挥资助的激励作用，什么样的资助方式最有利于跨学科博士生的培养、有利于激发跨学科博士生导师的热情，这是值得思考的。

我觉得既然是作为学校的一种特殊的培养，首先应该给学生足够好的待遇，让他们能够安心地做好科研，不为自己的生活所困扰，能够安心做事情。但是也应该注意下资助的方式。比如说学生增加的这种待遇、津贴一个月提高到5 000元一个月，学校出1 000元，那么剩下的4 000元由老师出，就会导致我们课题组出现什么问题呢，我同样招进两个学生，可能这两个的区别不大，那么我们宁愿去招我们院的学生，也不愿去招其他的学生，一下子涨了2 000元、3 000元，一下子让你拿5 000元、6 000元这中间差得很多的话，那我们这个课题组内部就没办法管理，别人的心理就会不平衡，为什么我们做得都一样，水平差不多，背景也差不多，我拿的津贴待遇就比你少很多，心理不平衡反而会给课题组带来一些负面效应，这样的话，我情愿不招，把那些钱发给我已有的学生，我也不要在创新研究院拿一个名额，我想最关键的是这个创新研究院提高的待遇，老师出一点没有问题，但是不要把这个过多的压力放在导师的身上。

博士生研究生的津贴现在是一碗水端平，每个月多500块钱，你进了创新研究院要定期考核，至少这个津贴作为很重要的方式，一碗水端平给就相当于没给，因为你所有人都给了嘛，至少你可以体现出不同的层次来。不是最后这个一篇A发没发，而是在这个过程中考核，来作为一种激励的手段，然后包括有淘汰的机制，实际上这个好像都没有。因为像刚才说的直博生或者报考的，没有一个相对长的时间了解，进来之后可能不适合，但是现在就是骑虎难下，然后又给他定那么高的目标。

跨学科博士生导师群体对跨学科博士生培养质量评价的建构如表5-3所示。

表5-3　跨学科博士生导师群体对跨学科博士生培养质量评价的建构

一级指标	二级指标
跨学科博士生培养质量的结果体现	知识面广 具有与研究方向相适应的跨学科知识结构 独立的跨学科研究能力 跨学科创新能力 较强的解决问题的能力 领导力和团队协作能力
跨学科博士生培养质量的影响因素	生源质量 招生方式 独立负责子课题的经历 特殊的培养体系 交流 归属感与身份认同 学位论文环节的导师组指导 跨学科实验室的建立 资助的激励作用

5.1.4 跨学科博士生管理人员对跨学科博士生培养质量评价的建构

本次调研主要对 2 名跨学科博士生行政管理人员进行深入访谈，并获取了各交叉团队的跨学科博士生培养方案等相关信息。H 大学以建立创新研究院的方式对跨学科博士生培养予以支持，通过由各院系老师自发组成跨学科研究团队并依托跨学科研究项目申请学校的"跨学科博士生培养计划"，对申请成功的跨学科博士生培养项目予以资助。本次的访谈对象一名是跨学科博士生培养管理人员（创新研究院分管跨学科博士生培养的领导），另一名是负责跨学科博士生培养工作的行政人员。

5.1.4.1 跨学科博士生培养质量的体现

（1）视野宽广、具有创新创业精神、综合能力强。

创新研究院在创立之初，就明确提出了跨学科博士生的培养目标：视野宽广、综合能力强、富有创新创业精神。

我们学校是在 2009 年成立的创新研究院，创新研究院的工作内容之一就是负责支持跨学科博士生的培养，这在国内算是起步比较早的。在我们的网站上也提出了培养的目标，就是要努力培养一批学术视野宽广、综合能力强、富有创新创业精神的优秀拔尖科研人才。其中视野宽广、掌握更多的学科知识是基础。跨学科博士生，当然需要比单一学科博士有更广的知识背景，相关学科知识的掌握能使博士生视野更加宽广，为卓越的科研能力以及创新打下基础。综合能力不仅包括了科研能力、解决问题的能力，还包含了与跨学科研究相关的一些能力，比如组织能力，怎么把一个任务分配下去，时间怎么管理、进度如何把握，还有团队协作能力等，都是培养的目标。最后是创新，我们通过跨学科的手段来培养博士生，也是希望他们能多出成果、出好成果，也就是创新的能力。

（2）更优秀的学术成果。

跨学科博士生的培养指向是培养更优秀的博士生，而学术成果是卓越的科研能力的重要体现，因而也是评价其培养质量的一个重要指标。学术成果主要包括高水平文章的发表、博士论文入选优秀博士论文的情况，以及其他的获奖情况。

我们创新研究院对跨学科博士生和普通博士生的要求也是不一样的，这可以从我们培养方案中看得出来，跨学科博士生的毕业条件一般是一篇 A，要求比较高。因为你这个科研能力的体现，肯定最后还是要落到成果上面。这样好量化，而且也一目了然。此外，我们还会统计跨学科博士生的博士论文入选优秀博士论文的情况，包括其他的一些获奖情况。

5.1.4.2 跨学科博士生培养质量的影响因素

（1）项目的科研平台。

跨学科博士生的培养主要依托跨学科项目进行，这个跨学科项目的科研平台是跨学科博士生培养的前提条件，没有交叉项目，跨学科博士生的培养也就无从谈起。

我们的工作是对跨学科博士生的培养予以支持，而具体的培养则是在交叉团队中进行。对交叉团队进行考核的目的也是保证跨学科博士生培养的外在条件。考核的内容主要有科研团队申请到的跨学科研究项目、研究经费以及导师情况，我们认为只有拥有高质量的项目、充足的研究经费、科研能力强且经验丰富的导师才能够培养出优秀的跨学科博士生。

（2）学位论文与交叉团队项目的关系。

很多国外经验都表明，跨学科博士生培养的途径是让跨学科博士生参与到跨学科研究中来，博士论文本身就是跨学科项目中的一部分，跨学科博士生的培养主要是在完成这一子项目的过程中进行的。

我们一般都要求各个团队都有级别比较高的项目，比如973、自然科学基金等，就是考虑到这个跨学科项目的价值是受认可的，这样跨学科博士生参与到项目中来，除有一个比较好的起点外，本身完成论文的过程也是跨学科研究的宝贵经历，过程中的一些经验啊、能力啊都是迁移的，包括前面提到的创新、创业精神也能够在这个过程中得到培养。这在国外，比如像德国就是这么做的。

（3）生源质量。

既然对跨学科博士生的要求很高，那么招生就是把关的第一道程序。生源质量对跨学科博士生培养质量有着直接影响。

我们创新研究院这边很多跨学科博士生都是启明学院上来的，当时启明学院对学生的挑选也是比较严格的，并且这些学生从本科开始就有做科研的经验和经历，所以有很多本科时是启明学院的升上来读的这个创院的博士生，反正总体比例还是比较大的。这样就相当于他之前就有一个比较好的基础和积累了，总之生源的质量还是很重要的。

（4）资助。

对跨学科博士生的资助对跨学科博士生培养质量有比较重要的影响。一方面能让跨学科博士生更加安心地学习，另一方面也起到了一个激励作用。

我们创新研究院的跨学科博士生的待遇都是很高的，像普通的博士生是

1 500 元，我们创新研究院这边的生活补助是 4 000 元，之所以定得比较高，一方面是希望提高对这些跨学科博士生的资助，让他们安心地学习，因为他们的学习任务比那些普通的博士生要重一些。另一个考虑就是跨学科博士生本身就是经过挑选出来的，本身是比较优秀的，提高待遇，是吸引，也是激励，希望他们能因为这个身份而更加努力吧。

（5）相互之间的交流。

相互之间的交流对跨学科博士生的培养有正向影响。尤其是团队之间的交流，以及与相关方向的专家面对面的交流、学生之间的交流对提高跨学科博士生培养质量有促进作用。

交流是很重要的。我们创新研究院也在这些方面做了一些工作。比如创院资助的第一批交叉团队一共有 11 个，我们组织了"交叉学科前沿论坛"，主要通过定期讲座的方式，把大家集中在一起。比如这个月的讲座是由一个团队负责，下个月就要由另外一个团队来负责。讲座的这些人不一定是老师，也可以是博士生，目的还是希望大家多一点交流，知道别人都在干什么。还有就是我们会请一些优秀的跨学科研究专家，包括诺贝尔奖获得者在学校讲座，大家能和这些一流的科学家面对面地交流，我想也是有好处的。另外，我们也建了一个 QQ 群，方便学生之间进行交流。

（6）学术会议与学术报告。

参加学术会议是开阔视野、促进交流、提升跨学科博士生相关能力的一个重要途径。学术报告的形式，对跨学科博士生表达能力的提升、促进学生之间的学术交流也是十分有益的。二者都有助于提升跨学科博士生的培养质量。

除了引进来，我们也需要走出去，因为能入选创院的项目资助的话，他本身的科研实力也是很强的，至少在国际上还是有一定的影响力的，所以我们也为博士生们提供了这样一个机会，每年都会资助一些学生去参加学术会议尤其是国际会议，一方面是开阔学生的视野、促进交流；另一方面也是对他们的一个能力的培养吧。另外一个就是学术报告的形式，培养方案里面也提到了的，就是学生之间会定期有一个学术报告，这可以让大家都知道你的研究，方便交流，对自身的相关能力比如表达能力、沟通能力都是一个很好的锻炼机会。

跨学科博士生行政管理人员对跨学科博士生培养质量评价的建构如表 5-4 所示。

表 5-4　跨学科博士生行政管理人员对跨学科博士生培养质量评价的建构

一级指标	二级指标
跨学科博士生培养质量的结果体现	视野宽广、具有创新创业精神、综合能力强 更优秀的学术成果
跨学科博士生培养质量的影响因素	项目的科研平台 学位论文与交叉团队项目的关系 生源质量 资助 相互之间的交流 学术会议与学术报告

5.2　各利益相关群体之间的价值协商

价值协商的第一步是确定那些未解决的主张、焦虑和争议，并确定未解决项目的优先顺序，收集相关的尽可能详细的信息，使每个人都能明白它的内容，为谈判做准备。第二步是进行谈判，力求形成相对一致的评价指标体系。第三步是确定评价指标体系的权重。

5.2.1　未解决的主张、焦虑和争议

在调研之后，笔者对各利益相关群体关于跨学科博士生培养质量评价的建构进行比较，发现三类建构基本包含了跨学科博士生培养的结果质量、过程质量和学术支持三个方面。首先，三类群体的最大分歧在于跨学科培养质量的评价是侧重对培养过程的评价还是效益的评价。跨学科博士生群体与跨学科博士生导师群体侧重对培养过程的评价，而跨学科博士生行政管理人员则侧重效益的评价。其次是学术支持方面的分歧，这同样存在于跨学科博士生行政管理人员与另两类群体之间。最后是一些具体的结果质量和过程质量指标的分歧。

5.2.1.1　结果评价还是过程评价

跨学科博士生培养评价指标体系建立的最大分歧在于评价的标准，跨学科博士生群体和跨学科博士生导师群体认为是否为跨学科博士生建立了一套适合他们的特殊的培养体系是评价的主要依据，表现为改善学习的博士生培养质量观。而跨学科博士生培养行政管理人员认为跨学科博士生的学术成果应该作为

评价的主要依据，表现的是重效益的博士生培养质量观。

5.2.1.2 学术支持方面的分歧

跨学科博士生群体与跨学科博士生导师群体对学术支持方面的指标选择基本能达成一致，主要分歧仍然存在于这两类利益相关群体与跨学科博士生行政管理人员之间。前两类群体在学术支持方面认为，交流、身份归属与身份认同、资助激励、研究资源的共享影响了跨学科博士生培养质量。后者认为项目科研平台、资助、交流、学术会议与学术报告是影响培养质量的主要因素。

（1）"交流"中的分歧在于：前两者强调的是同一个交叉研究团队内部的师生之间的交流以及学生之间的交流，此外，工程领域跨学科博士生及博士生导师认为与产业界的交流对博士生培养质量有正向影响；而后者则更加注重各团队之间的交流，以及以讲座的方式邀请相关领域的专家与学生们进行交流，并通常要求所有跨学科博士生参加讲座。"学术会议与学术报告"被后者单独列出作为培养质量的影响因素，一方面是由于学校管理层专门对跨学科博士生参加学术会议尤其是国际会议进行资助；另一方面也是后者重视研究成果层面的交流的体现。而学术报告则是由后者提供的各团队跨学科博士生的培养方案中的一个培养环节，通常在各团队内部定期进行。但前两类群体认为学术报告在学院内举行得较多，对培养质量有正向影响，但同一团队内部的不同学院的学生之间的学术报告则没有条件进行。

（2）"身份归属与身份认同"的分歧十分明显。跨学科博士生群体与跨学科博士生导师群体认为他们缺乏对创新研究院的归属感，感受不到跨学科博士生的身份，对跨学科博士生的培养目标并不清楚，影响了跨学科博士生的培养质量。而从对跨学科博士生行政管理人员的访谈的体验来看，行政管理人员认为身份认同和归属应该是团队内部的事情，因为整个培养过程是发生在各个交叉团队中的，跨学科博士生的归属感应该体现为对交叉团队的归属感。

（3）"资助激励"的分歧在于资助的方式和激励的效果。跨学科行政管理人员认为应该普遍提高跨学科博士生的待遇，提高的待遇进行分摊，学校出一部分，导师出一部分，以实现对跨学科博士生和跨学科博士生导师的激励作用。而跨学科博士生导师群体认为这种资助的方式对其产生反向作用，打击了他们培养跨学科博士生的积极性；学生则认为最后获得的资助少，不能起到激励作用。

（4）"研究资源的共享"是影响跨学科博士生培养质量的重要因素。跨学科博士生和跨学科博士生导师群体认为行政管理部门应该为跨学科博士生的培养提供硬件支持，尤其是研究资源的共享，比如跨学科实验室的成立。而跨学科博士生行政管理人员则认为由来自不同院系的老师组成的交叉学科团队可以依托内部资源实现研究资源的共享。

（5）跨学科博士生培养行政管理人员认为"项目科研平台"是影响培养质量的重要因素。理由是"项目科研平台"是跨学科博士生培养的基础，科研项目、导师组成、研究基础等科研实力决定了跨学科博士生所能到达的高度。而另两类群体则没有将其作为跨学科博士生培养质量的影响因素。

5.2.1.3　其他方面的分歧

其他方面的分歧还包括结果质量中的"领导力""学位论文质量""学术成果"，过程质量中的"学位论文与跨学科项目的关系""独立负责子课题的经历"。其中，"领导力""独立负责子课题的经历"由跨学科博士生导师群体提出，"学位论文质量"由跨学科博士生群体提出，"学术成果"由跨学科博士生培养行政管理人员提出。"学位论文与跨学科项目的关系"由跨学科博士生群体和跨学科博士生培养行政管理人员提出。

5.2.2　各利益相关群体进行谈判

按照以上归纳出的三类分歧形成跨学科博士生培养质量评价谈判的计划书，再由三类利益相关群体各推选代表进行谈判。其中，跨学科博士生群体推选的 3 名代表，分别是人文社科领域跨学科博士生、工程领域跨学科博士生和医学领域跨学科博士生。跨学科博士生导师群体推选 2 名代表进行谈判，1 名工程领域跨学科博士生导师，1 名医学领域跨学科博士生导师。跨学科博士生行政管理人员群体由接受访谈的 2 名行政管理人员进行谈判。由于面对面协调的困难，谈判主要是由调查小组向各代表发送电子版谈判计划书，再将各代表的反馈意见进行整理，最后形成相对一致的评价指标体系。

5.2.2.1　评价标准的协商

跨学科博士生代表认为用学术成果作为评价培养质量的唯一标准或最重要的标准存在一些弊端，因为跨学科研究的特殊性，博士生优秀的能力尤其是解决问题的能力不一定能通过发表论文的方式体现。跨学科博士生导师代表认为只关注结果而缺乏制度保证跨学科博士生的培养，是起不到提高培养质量的作用的，并且单一的毕业条件设定应该考虑学科差异。

我觉得优秀的能力并不一定是通过发文章表现出来，也许是参与科研的某个子课题来表现的。包括你在求职的时候，他不是只看你的论文，也会看重科研经历的。专家推荐信导师推荐信就是发挥这个作用，导师会告诉你，我这个学生参与了什么、做了什么，他做的这个是其中很有价值的一个部分，对整个科研来说很有帮助。其实我们希望说这个不仅是就业的一个指标，也希望他在毕业中是一个指标。像我们搞舆情的很多都是内参啊报告，都是不能发的。但是他在学校是得不到任何认可，所以只能是我们毕业时候简历的一个印象分。因为这个是非常能体现能力的，但是却没有得到标准制度上的明确的认可。所以我们做到一些重复性的课题就会想躲开。（跨学科博士生）

评价考核指标就是风向标。现在对老师评价太幼稚，对学生评价太简单。只关注结果的评价，通过结果来激励往往收效甚微，没有一种好的体制规定什么时候做什么来保证过程的到位，这个评价体系也是发挥不了作用的。另外这个毕业条件的设定，要根据实际，比方说工科和理科的他的要求就应该不一样，不能说所有的学生都是要求发多少多少的文章这样"一刀切"，这样是不现实的，应该设定比较合理的毕业条件，既要比非创新研究院的学生高一些，但又要合乎实际，这样很重要。（跨学科博士生导师）

跨学科博士生培养行政管理人员认可对培养过程评价的重要性，但学术成果仍然应作为其中一个指标，对于其他的能力体现，认为不好量化，三方商量的结果是采用跨学科博士生自评与学术成果量化评价相结合的方式。对于培养过程的指标选择，认可了跨学科博士生和跨学科博士生导师的意见。

5.2.2.2　学术支持指标的协商

"项目科研平台"指标被去掉，理由是培养跨学科博士生的交叉团队是经过认可的，科研平台这一因素已在跨学科博士生制度建设时被考虑过了。"交流"指标中仍保留团队学术报告形式的交流，并加入了"学术会议"内容，将其纳入"交流"子指标，同时保留团队学生之间的交流。工程领域跨学科博士生培养还要考虑与产业界的交流。"身份归属与身份认同"因素被加入评价体系之中，但相关指标选择应该为"对交叉团队的身份归属"和"对跨学科博士生的身份认同"，前者指向交叉团队，后者指向学校管理部门。"资助"仍作为评价体系中的一个指标，主要关注资助的激励作用，即连续性与灵活性。在"研究资源的共享"上，综合意见是用"资源提供"代替，并将其分解为"研究资源的共享"和"增加跨学科博士生之间交流的场所"。

5.2.2.3　其他指标的协商

"领导力"指标被采纳。"学位论文质量"归属到"学术成果"中。"解决问题的能力"被去掉，理由是各方认为这一能力已在跨学科创新能力、独立的跨学科研究能力、领导力和团队协作能力中有所体现。"学位论文与跨学科项目的关系"得到跨学科博士生导师代表的认可，"独立负责子课题的经历"得到跨学科博士生的认可，跨学科博士生行政管理人员对这两个群体达成一致的意见表示尊重。

5.2.3　跨学科博士生培养质量评价指标体系的检验

对指标体系的检验主要分两步进行。第一，调查小组邀请研究跨学科博士生培养质量的 1 名教授、2 名博士，与调查组所有成员一起前后共同商讨两次，以各方意见为基础，考虑各方的博士生培养质量观、合并同类信息，并引入相关文献补全二级指标的观测指标，形成跨学科博士生培养质量评价指标体系预选集。第二，调查小组对指标体系进行单个指标的可行性检查和指标体系的整体检验。对指标体系的每个单项指标进行可行性检查的主要依据是时间可行性（指标计算的资料能否及时取得）、技术可行性（指标计算的资料能否准确取得）和经济可行性（指标计算的资料能否经济取得），对无法测量或测量难度大的指标进行近似变换，目的是使每个指标都能付诸实施。如将招生中的"研究素质"近似变换为"学习经历"。

对指标体系的整体检验主要从一致性、必要性、完备性、功能聚合以及指标体系层次的"深度"与"出度"五个方面进行。一致性强调的是指标体系中的所有指标应协调一致；必要性是指所有指标对于评价的目标而言是否都是必不可少的；完备性侧重检查评价指标体系相对于各利益相关群体价值协商的意见是否有遗漏；功能聚合强调同一评价目标的单项指标应该放在一个模块之内，不同评价目标的单项指标放入不同的模块；"深度"与"出度"检查主要依据心理学的研究结论，"深度"是指标体系的层次数，"出度"是指标体系的上层直接控制下层指标的个数，"深度"一般是 3 层比较合理，"出度"不超过 9，理想的层次出度是 4~6。

调查组在对该指标体系的单个指标和整体指标进行检验之后，建立了相对一致的跨学科博士生培养质量评价指标体系（如表 5-5 所示）。调查组随后将形成的指标体系以电子邮件的形式发给各位代表，代表们均表示同意。

表 5-5　跨学科博士生培养质量评价指标体系

维度指标	分类指标（二级指标）	单项指标（观测指标）
自评的结果质量 A_1	知识掌握 A_{11}	相关学科知识的掌握
		跨学科知识结构的构建
	跨学科创新能力 A_{12}	跨学科创新意识
		研究方法的整合（人文社科领域跨学科）
		基础知识与应用的整合（工程领域跨学科）
		基于实验的验证的整合（医学领域跨学科）
	独立的跨学科研究能力 A_{13}	能综合相关学科的知识和思想
		能对研究思路的可行性进行严格论证
		能独立处理科研中遇到的困难
	领导力 A_{14}	能带领一个跨学科小组解决一个跨学科问题
		能把握跨学科研究的进度和节点
	团队协作能力 A_{15}	能融入课题组
		能协调好与课题组其他成员完成任务的关系
学术成果 A_2	人均发表核心论文数（核心视学科而定） A_{21}	
	省级以上优秀博士论文篇数 A_{22}	
过程质量 A_3	招生 A_{31}	跨学科背景
		研究素质
	课程修习 A_{32}	跨学科课程量
		跨学科课程的有用性与相关性
		跨学科课程的基础性与前沿性
	导师指导 A_{33}	导师的指导频率
		导师和导师组的指导能力
		导师的鼓励
	科研训练 A_{34}	课题与跨学科研究项目的关系
		独立负责子课题的经历
		学术会议与学术报告
	学位论文 A_{35}	学位论文与跨学科研究项目的关系
		学位论文环节的执行

表5-5(续)

维度指标	分类指标（二级指标）	单项指标（观测指标）
学术支持 A₄	资源的提供 A₄₁	研究资源的共享
		增加跨学科博士生之间交流的场所
	激励 A₄₂	对跨学科博士生身份的认可
		提供促进跨学科博士生学习的激励政策
	交流机会 A₄₃	与其他相关机构合作的机会
		团队内跨学科博士生之间的交流频率
		与研究方向的其他研究人员的交流频率
	经费资助 A₄₄	资助信息的传达
		资助的连续性与灵活性

5.2.4 跨学科博士生培养质量评价指标体系的权重确定

跨学科博士生培养质量评价指标体系权重的评价主体仍然是参与价值协商的 7 名代表，调查组采用层次分析法确定相关的权重。该方法主要通过各专家对指标进行两两比较相对重要程度，从而得到下一级指标对上一级指标重要性的排列结果。最后根据统计结果计算权重系数，并进行一致性检验。本书以某利益相关群体代表判断的一级指标为例，说明权重计算的步骤。

平均随机一致性指标如表5-6所示。

表5-6 平均随机一致性指标

n	1	2	3	4	5	6	7	8	9	10
RI	0	0	0.58	0.90	1.12	1.24	1.24	1.32	1.41	1.49

（1）构造判断矩阵。

某代表对一级指标的判断矩阵如表5-7所示。

表5-7 某代表对一级指标的判断矩阵

	自评的结果质量	学术成果	过程质量	学术支持
自评的结果质量	1	1	1/3	1/6
学术成果	1	1	1/3	1/4
过程质量	3	3	1	1/4
学术支持	6	4	4	1

（2）计算矩阵每一行数值的乘积 $M_i = \prod_{j=1}^{n} a_{ij}$，$i = 1, 2, \cdots, n$，则

$M_1 = 1 \times 1 \times 1/3 \times 1/6 = 1/18$

$M_2 = 1 \times 1 \times 1/3 \times 1/4 = 1/12$

$M_3 = 3 \times 3 \times 1 \times 1/4 = 9/4$

$M_4 = 6 \times 4 \times 4 \times 1 = 96$

（3）计算 Mi 的 n 次方根 $\overline{W_i} = \sqrt[n]{M_i}$，则

$\overline{W_1} = \sqrt[4]{1/18} = 0.485$

$\overline{W_2} = \sqrt[4]{1/12} = 0.537$

$\overline{W_3} = \sqrt[4]{9/4} = 1.225$

$\overline{W_4} = \sqrt[4]{96} = 3.130$

（4）对向量 $(\overline{W_1}, \overline{W_2}, \overline{W_3}, \overline{W_4})^T = (0.485, 0.537, 1.225, 3.130)^T$ 进行归一化处理，即

$w_1 = $ 自评的结果质量 $= 0.485/5.377 = 0.090$

$w_2 = $ 学术成果 $= 0.537/5.377 = 0.100$

$w_3 = $ 过程质量 $= 1.225/5.377 = 0.228$

$w_4 = $ 学术支持 $= 3.130/5.377 = 0.582$

（5）一致性检验。

为了保证层次分析法所得结论的合理性，需用方根法求出最大特征值及其对应的特征向量，即进行一致性检验，步骤如下：

$$AW = \begin{bmatrix} 1 & 1 & 1/3 & 1/6 \\ 1 & 1 & 1/3 & 1/4 \\ 3 & 3 & 1 & 1/4 \\ 4 & 4 & 4 & 1 \end{bmatrix} \begin{bmatrix} 0.090 \\ 1.000 \\ 0.228 \\ 0.582 \end{bmatrix} = \begin{bmatrix} 0.363 \\ 0.412 \\ 0.944 \\ 2.434 \end{bmatrix}$$

$$\lambda\max = \frac{1}{n} \sum_{i=1}^{n} \frac{(AW)_i}{W_i} = \frac{1}{4} \times \left(\frac{0.363}{0.090} + \frac{0.412}{0.1} + \frac{0.944}{0.228} + \frac{2.434}{0.582} \right) = 4.117$$

计算一致性指标 CI：

$$CI = \frac{\lambda\max - n}{n - 1} = \frac{4.117 - 4}{4 - 1} = 0.039$$

由平均随机一致性指标 RI 知，当 $n = 4$ 时，RI = 0.9，计算 CR：

CR = CI/RI = 0.039/0.9 = 0.043 < 0.1，证明该矩阵的一致性满足要求，$(\overline{W_1}, \overline{W_2}, \overline{W_3}, \overline{W_4})^T = (0.485, 0.537, 1.225, 3.130)^T$ 可以作为权重向量。

各二级指标权重向量按如上方法进行，最后将 7 名代表的权重值进行均值计算（见附录），并进行一致性检验，得出跨学科博士生培养质量评价指标体系的各级指标权重值（如表5-8 所示）。

表 5-8 跨学科博士生培养质量评价指标权重系数

评价指标	一级指标	权重系数	二级指标	权重系数
跨学科博士生培养质量	自评的结果质量	0.127	知识掌握	0.037
			跨学科创新能力	0.036
			独立的跨学科研究能力	0.033
			领导力	0.013
			团队协作能力	0.009
	学术成果	0.311	人均发表核心论文数	0.084
			省级以上优秀博士论文篇数	0.227
	过程质量	0.261	招生	0.033
			课程修习	0.084
			导师指导	0.054
			科研训练	0.032
			学位论文	0.058
	学术支持	0.301	资源的提供	0.135
			激励	0.040
			交流机会	0.082
			经费资助	0.045

5.3 跨学科博士生培养质量评价指标体系可信性和有效性的说明

本书以第四代评价理论为指导进行了跨学科博士生培养质量评价体系的非位建构。在研究过程中，调查小组通过实地考察、深入访谈等方式获取了跨学科博士生群体、跨学科博士生导师群体与跨学科博士生培养行政管理人员群体对于跨学科博士生培养质量评价的建构，同时还对创新研究院开展跨学科博士生培养相关活动的记录、各交叉团队跨学科博士生培养方案等信息进行了收集，结合相关的理论分析，形成各群体的连接性建构，最后在各群体之间进行价值协商，达成相对一致的评价指标体系。整个调研持续约半年时间，在调研过程中，调研小组成员不定期碰头，及时反馈被访谈者对于跨学科博士生培养质量评价的建构，并邀请研究跨学科博士生培养质量的专家参与讨论，提出了很多调查组所掌握的被访谈者默会信息的宝贵建议。同时，在对下一个访谈者进行访谈时，向其描述之前访谈者的建构，并引入已有文献的一些结论，让其做出评价，提出自己的看法。整个调研以信息饱和为标准建立了各群体内部的评价体系，最后通过谈判、进一步听取各方意见，形成了比较一致的跨学科博士生培养质量评价指标体系。可以看出，整个评价过程的开展也是不断地验证和修正该评价指标体系的过程，每一个评价指标都来自各利益相关群体，或者是经各利益相关群体同意的，是可信的和有效的。按照第四代评价理论的基本思想，本书认为整个评价过程基本达到了第四代评价的要求，评价过程本身就保证了该评价体系的信度和效度。

5.4 跨学科博士生培养质量的综合评价

以第四代评价理论为依据建立的跨学科博士生培养质量评价指标体系的变量同时涵盖了定类、定序和定比三个层次，这给跨学科博士生培养质量的评价带来了困难。综合评价法能够帮助评价者从总体上把握跨学科博士生培养质量的状况，并能进行不同类别跨学科博士生培养质量的比较研究。本节首先阐述了综合评价法的基本理论问题，包括原理及适用范围；其次，结合本次评价的目的和指标体系中数据资源的特点，选择采用分等加权综合评价法进行综合评价；最后，按照分等加权综合评价法的步骤，将该方法运用至本评价中。

5.4.1 综合评价理论概述[①]

综合评价是相对于单项评价的一种评价思路，主要在评价标准比较复杂的情况下使用。由于评价对象常常具有多个方面的性质和特征，单一指标反映的是评价对象在某方面的优劣情况，而不能对事物各个方面的情况进行综合性评价，尤其是当评价对象几个方面的评价结果出现矛盾时这种情况尤为明显。综合评价的出现便是为了适应这种统计的需要，它为人们正确认识复杂的社会现

---

① 刘晶. 城市居家老人生活质量评价指标体系研究 [D]. 上海：华东师范大学，2005：126-128，129.

象提供了科学的手段，并被广泛地运用于人力资源评价、社会发展评价、创新能力评价、竞争力评价等领域。

综合评价包含了很多不同的评价思路，评价方法的选用主要依据所要解决的问题的性质，这就要求评价者首先要搞清评价的类型和目的。综合评价的分类方式多种多样，不同类别的综合评价包含的评价思路也不尽相同，如综合评价可以分为实绩评价与预期评价、动态评价与静态评价、价值评价与排序评价。其中，实绩评价是指对已经发生的情况进行评价，属于事后评价；预期评价则是指对事情发展趋势的评价。动态评价关注的是事物发生发展的变化状况；而静态评价侧重对同一时间节点做出的评价，如同一时间对不同国家和地区、不同部门进行的评价。价值评价是评价对象所达到的某个水平，如优、良、差，好还是坏；排序评价则是对不同部门、不同小组的优劣顺序进行评价。综合评价的具体评价方法也在近20年间得到了快速发展，从评分法、综合指数评价法到数据包络分析法（DEA法）、人工神经网络法（ANN法），十分丰富多样。各种综合评价的方法都有自己使用的条件范围，并且有各自的优缺点。在使用时，评价者需要根据评价的目的、数据来源情况以及时间条件来选择与之相适应的评价方法。

无论哪种综合评价方法，都基本包含了以下几个数据处理的步骤：①指标数据的标准化处理，这是综合评价方法的使用前提。指标体系为了反映评价对象各个方面的属性和概况，涉及的评价指标常常具有不同的单位，某些指标即使具有相同的单位，但由于数值的大小差异过大，也无法直接使用这些数据对不同的指标进行综合。在这之前，就需要对所有的指标数据进行标准化处理，标准化的处理方法有很多，如阈值法，其原理是确定一个标准值，这个标准值可以是均值、最低值、最高值、理想值等，再将指标的实际值与之进行比较，从而实现指标的实际值转为评价值的目的。②调整指标方向，这也是数据标准化的一个过程。如有的指标值越大表明实际情况越好，而有的指标数值越大表明实际情况越差，还有的指标有一个适度的值，过大或过小都表明实际情况较差，这说明各个指标对最后综合评价的影响方向是不同的，这就需要根据各指标的具体含义以及选择恰当的评价方法调整各个指标的方向，使其对评价结果的影响方向一致。③指标合成方法的选择。在经过前两个数据处理步骤之后，就需要采用一定的方法将标准化的数据综合起来，最终得到对事物的综合性评价。

5.4.2 分等加权综合评价法的原理及步骤①

分等加权综合评价法一般用于价值评价中，其原理是首先将评价的各项指标依据特定的参照标准进行等级划分，并通过获取各指标的实际值赋予相应的分值，然后将做出不同选择判断的人数百分比作为权重，最后计算出等级加权值，并通过值的大小来评价事物的实际状况。分等加权综合评价法有如下优点：一是事先的等级划分使得评价结果比较清晰，可以基本反映被评价对象的基本状况；二是在对事物总体水平的认知下，仍能进行不同类别评价对象的评价结果的比较；三是计算简单方便，容易理解且易于推广。

5.4.3 分等加权综合评价法在本评价中的应用

本书中的跨学科博士生培养质量评价属于价值评价，即作为评价主体的大学需要对本校的跨学科博士生培养质量的整体情况进行等级评价，同时还需对各交叉团队的博士生培养质量状况有所了解。将分等加权综合评价法用于本评价是适合的。鉴于依据第四代评价理论建构的跨学科博士生培养质量评价指标体系的各指标变量包括了定类、定序和定比三种变量层次，先要将变量的取值分成不同的等级。这一步主要通过邀请研究跨学科博士生培养质量的教授 1名，博士 2 名，与调查小组共同讨论而得②。

5.4.3.1 跨学科博士生培养质量评价指标的等级赋值

本书首先将本评价的等级分为"优、良、差"三等，再结合各个指标对评价结果的影响和指标的实际情况确定每个指标的等级。对于难以确定分类级别的指标，用其他相关指标替代。

（1）自评的结果质量维度。

自评的结果质量维度的各指标变量均属于定序变量，由于定序变量的不同取值代表了事物的相对程度，因此是最适宜进行等级赋值的变量。自评的结果质量各指标的取值分别是"非常不符合""比较不符合""一般符合""比较符合"和"非常符合"。本书将"非常符合"和"比较符合"归为优，赋值为3，"一般符合"归为良，赋值为2，"比较不符合"和"非常不符合"归为差，赋值为1。

---

① 刘晶. 城市居家老人生活质量评价指标体系研究 [D]. 上海：华东师范大学，2005：134-135.

② 注释：参与讨论的教授是本课题研究的牵头人和负责人，参与讨论的博士为本课题研究组的成员。

（2）学术成果维度。

学术成果维度下设了"人均发表核心论文数"和"省级以上优秀博士论文数"两个指标。"人均发表核心论文数"赋值如下：人均发表 A 类核心期刊或获得专利为独著（第一发明人）100 分/篇，第一作者或导师第一作者跨学科博士生第二作者 80 分/篇；一般核心期刊为独著 90 分/篇，第一作者或导师第一作者 70 分/篇。得分≥80 分归为优，赋值为 3，得分 70~80 分归为良，赋值为 2，得分 70 分以下归为差，赋值为 1。

对于"省级以上优秀博士论文数"的赋值，由于获得省级以上优秀博士论文难度较大，本书将入选全国百篇优秀博士论文 1 篇或省级优秀博士论文 2 篇（包括提名）归为优，赋值为 3，省级优秀博士论文 1 篇（包括提名）归为良，赋值为 2，没有则归为差，赋值为 1。

（3）过程质量维度。

在"招生"中，"跨学科背景"指标的调查，本书采用让跨学科博士生填写本科专业和硕士专业，具有跨一级学科背景归为优，赋值为 3，没有跨一级学科，但具有不同的研究领域背景归为良，赋值为 2，研究领域一致，不具有跨学科和领域背景归为差，赋值为 1。"研究素质"指标难以进行等级划分，且测量也有一定难度，本书将其转化为"学习经历"进行测量，本硕均为"985"或"211"归为优，赋值为 3，本硕有一项为"985"或"211"归为良，赋值为 2，本硕均为非"985"或非"211"归为差，赋值为 1。

在"课程修习"中，"跨学科课程量"难以定级，鉴于该指标的设置是基于跨学科研究需要掌握较多相关学科的知识，而跨学科课程作为获取跨学科知识的主要途径，应该满足跨学科博士生获取知识的需要，因此，本书用"跨学科课程量满意度"进行替代。"跨学科课程量满意度"的变量取值为"很小""较小""一般""较大""很大"，本书将"较大"和"很大"归为优，赋值为 3，"一般"归为良，赋值为 2，"很小""较小"归为差，赋值为 1。"跨学科课程的有用性与相关性""跨学科课程的基础性与前沿性"的取值从"非常不符合"到"非常符合"，将"非常符合"和"比较符合"归为优，赋值为 3，"一般符合"归为良，赋值为 2，"比较不符合"和"非常不符合"归为差，赋值为 1。

在"导师指导"中，对"导师的指导频率"定级，本书参考了现有的研究成果，研究表明，导师指导频率对博士生培养质量有正向影响。某项调查指出，每月接受 2 次导师指导的博士生中有 85% 的人感到满意，而每月接受 4 次以上指导的博士生能更早完成论文①。鉴于此，本书将 4 次及以上归为优，赋值为 3，2~3 次归为良，赋值为 2，小于 2 次归为差，赋值为 1。"导师和导师组的指导能力"及"导师的鼓励"取值从"非常不符合"到"非常符合"，将"非常符合"和"比较符合"归为优，赋值为 3，"一般符合"归为良，赋值为 2，"比较不符合"和"非常不符合"归为差，赋值为 1。

在"科研训练"中，"课题与跨学科研究项目的关系"取值为"毫无关系""略有关系""一般""有密切关系"，本书将"有密切关系"归为优，赋值为 3，"一般"归为良，赋值为 2，"毫无关系"与"略有关系"归为差，赋值为 1。"独立负责子课题经历"的取值有 0 次、1 次、2 次、3 次及以上，本书将 2 次、3 次及以上归为优，赋值为 3，1 次归为良，赋值为 2，0 次归为差，赋值为 1。"学术会议与学术报告"包括国际会议、国内会议和学术报告三个内容，三项都参加过归为优，赋值为 3，参加过其中任意两项归为良，赋值为 2；只参加过其中 1 项或都没参加过归为差，赋值为 1。

在"学位论文"中，"学位论文与跨学科项目的关系"取值为"毫无关系""略有关系""一般""有密切关系"，本书将"有密切关系"归为优，赋值为 3，"一般"归为良，赋值为 2，"毫无关系"与"略有关系"归为差，赋值为 1。"学位论文环节的执行"的取值从"很不严格"到"很严格"，本书将"很严格"和"比较严格"归为优，赋值为 3，"一般"归为良，赋值为 2，"比较不严格"和"很不严格"归为差，赋值为 1。

（4）学术支持维度。

在"资源的提供"上，"研究资源的共享"取值从"非常不符合"到"非常符合"，将"非常符合"和"比较符合"归为优，赋值为 3，"一般符合"归为良，赋值为 2，"比较不符合"和"非常不符合"归为差，赋值为 1。在"增加跨学科博士生之间交流的场所"上，定级出现困难，根据该指标设置的目的是固定场所能增加跨学科博士生之间交流从而有利于提高跨学科博士生培养质量，本书用"有，能促进交流"代表优，赋值为 3，"有，促进交流作用不突出"代表良，赋值为 2，"没有"代表差，赋值为 1。

在"激励"上，"对跨学科博士生身份的认可"，本书主要采用"跨学科博士生的身份是否让你更有动力学习"进行测量，"有"归为优，赋值为 3，"一般"归为良，赋值为 2，"没有"归为差，赋值为 1。"提供促进跨学科博

---

① 陈珊，王建梁. 导师指导频率对博士生培养质量的影响：基于博士生视角的分析和探讨 [J]. 清华大学教育研究，2006（3）：61-65.

士生学习的激励政策"指标的测量，本书主要采用"现行的激励政策是否能激励跨学科博士生的学习"，取值为"激励效果好"归为优，赋值为3，"效果一般"归为良，赋值为2，"没有激励效果"归为差，赋值为1。

在"交流机会"上，"与其他相关研究机构合作的机会"的取值有"有，覆盖面广""有，覆盖面太窄""没有"，本书将"有，覆盖面广"归为优，赋值为3，"有，覆盖面太窄"归为良，赋值为2，"没有"归为差，赋值为1。"团队内跨学科博士生之间的交流频率"和"与本书方向的其他研究人员的交流频率"两项指标的取值为"基本不交流""极少交流""需要帮助时交流""经常交流"，本书将"经常交流"归为优，赋值为3，"需要帮助时交流"归为良，赋值为2，"基本不交流"和"极少交流"归为差，赋值为1。

在"经费资助"上，"资助信息的传达"取值从"非常不符合"到"非常符合"，将"非常符合"和"比较符合"归为优，赋值为3，"一般符合"归为良，赋值为2，"比较不符合"和"非常不符合"归为差，赋值为1。"资助的连续性与灵活性"取值为"资助具有连续性与灵活性""资助具有连续性但灵活性不足""资助具有灵活性但连续性不足""资助既无连续性也无灵活性"。本书将"资助具有连续性与灵活性"归为优，赋值为3，"资助具有连续性但灵活性不足"和"资助具有灵活性但连续性不足"归为良，赋值为2，"资助既无连续性也无灵活性"归为差，赋值为1。

5.4.3.2　分等加权综合评价法在本评价中的应用示例

如表5-9所示，本书使用分等加权综合评价法对跨学科博士生培养经费资助的"资助信息的传达"指标进行综合评价。将"资助信息的传达"中的"非常符合"和"比较符合"归为优，赋值为3，"一般符合"归为良，赋值为2，"比较不符合"和"非常不符合"归为差，赋值为1。统计结果显示，有35.3%的跨学科博士生认为该项指标为优，31.6%的跨学科博士生认为该项指标为良，33%的人认为该项指标为差，那么，以选择各项指标的人数百分比为权重，能计算出该项指标的平均数等级分为2.02，说明"资助信息的传达"处于中等水平。

表5-9　跨学科博士生培养学术支持经费资助得分

项目	优(3)/%	良(2)/%	差(1)/%	平均数等级分
资助信息的传达	35.3	31.6	33	2.02

6 跨学科博士生培养质量的案例评价
——以 H 大学为例

H 大学是国内一所有工科背景的研究型大学。本章以 H 大学为例，对 H 大学跨学科博士生培养质量进行了评价，进而提出了相应的对策建议，同时也能透过 H 大学跨学科博士生的培养现状了解我国跨学科博士生培养的总体情况。

6.1 评价信息的获得

评价指标中的学术成果信息从 H 大学创新研究院对各交叉团队的聘期考核获得。自评的结果质量、过程质量和学术支持中的大部分信息通过问卷调查获得，调查对象为 H 大学创新研究院资助的 11 个跨学科博士生培养交叉团队的跨学科博士生，部分信息通过访谈跨学科博士生和跨学科博士生导师获得。

根据跨学科博士生培养质量评价指标体系的自评的结果质量、过程质量与学术支持三个维度编制问卷，问卷分为五个部分：第一部分，跨学科博士生的基本情况，包括跨学科博士生的年级、年龄、性别、入学方式、学习经历、工作年限、跨学科背景等；第二部分，跨学科博士生的培养环节，包括跨学科博士生的课程修习、科研训练、学位论文的环节等；第三部分，跨学科博士生培养的导师指导，涉及导师指导的方式、频率以及导师组的指导作用等方面；第四部分，跨学科博士生的学术支持，包括研究资源提供、激励、交流机会与资助；第五部分，跨学科博士生培养质量的自我评价。设计初始问卷之后，为了验证调查问卷结构和语言表述的合理性，首先在小范围内对设计的调查问卷进行测试，其目的是基于反馈意见和建议，对问卷进行进一步修改和完善。意见反映调查问卷的结构基本合理，但对问卷的语言表述提出了修改建议。最后，综合这些意见形成最终调查问卷。问卷共设计问题 38 个，项目 90 项。在对各三级指标信息的获取中，除 4 个三级指标外，其余各三级指标的测量就是对各三级指标的直接回答。这 4 个三级指标分别是课程的有用性与相关性、课程的基础性与前沿性、导师的鼓励和研究资源的共享，其测量分别包含了几个相关问题，因此，需要对这 4 个三级指标分别做信效度检验后，再进行测量。

本书面向 H 大学的所有跨学科博士生，采用纸质版问卷发放和电子版问卷发放相结合的方式，共发放问卷 300 份，收回问卷 240 份，其中有效问卷 212 份，有效率为 88%。并对 2 名跨学科博士生和 1 名跨学科博士生导师进行了访谈。

6.2 调查结果与分析

按照跨学科博士生培养质量评价体系的维度划分，本节将从跨学科博士生培养的自评的结果质量、学术成果、过程质量和学术支持四个方面对 H 大学跨学科博士生培养质量的现状进行总结，最后对 H 大学跨学科博士生培养质量进行综合评价。

6.2.1 样本描述

本次问卷调查共回收有效问卷 212 份，样本的总体情况如下：

（1）性别分布。所调查的 212 名跨学科博士生中男性为 168 人，占样本总数的 79.2%，女性为 44 人，占样本总数的 20.8%。

（2）交叉团队分布。样本分布于 H 大学创新研究院资助的 11 个跨学科交叉研究团队，其中，人数最多的是强磁场研究团队，共 32 人，占样本总数的 15.1%，其次为 ITER 相关科学与技术研究团队和燃烧源重金属与颗粒物排放控制研究团队，分别为 29 人和 28 人，占样本总数的 13.7% 和 13.2%，人数最少的是神经系统重大疾病研究团队，共 8 人，占样本总数的 3.8%（如表6-1 所示）。

表6-1　交叉团队分布

所属交叉团队名称	频次	百分比/%
神经系统重大疾病研究团队	8	3.80
神经与心血管保护药物研究团队	9	4.20

表6-1(续)

所属交叉团队名称	频次	百分比/%
心血管等重大疾病研究团队	25	11.80
动力与储能电池研究团队	14	6.60
固体氧化物燃料电池研究团队	10	4.70
ITER 相关科学与技术研究团队	29	13.70
强磁场研究团队	32	15.10
生物质能源研究团队	24	11.30
燃烧源重金属与颗粒物排放控制研究团队	28	13.20
半导体照明技术与应用研究团队	23	10.80
非传统安全研究团队	10	4.70
总计	212	100.0

（3）年级分布。样本数最多的是博士二年级和博士三年级，分别为67人和62人，占样本总数的31.6%和21.2%（如表6-2所示）。

表6-2 年级分布

年级	频次	百分比/%
博士一年级	29	13.70
博士二年级	67	31.60
博士三年级	62	29.20
博士四年级	33	15.60
博士五年级	21	9.90
总计	212	100.00

（4）工作年限分布。在212名跨学科博士生中没有工作经历的有180名，占样本总数的84.9%，有工作经历的有30名，占样本总数的15.1%。

6.2.2 H大学跨学科博士生培养的结果质量自评

对H大学跨学科博士生培养的结果质量自评，本书将从结果质量的综合评价情况和结果质量的分维度评价情况方面分别进行总结。

6.2.2.1 H大学跨学科博士生培养结果质量自评的综合评价

H大学跨学科博士生对跨学科博士生培养结果质量的综合评价最后加权得

分为 2.48, 属于良好。其中"知识掌握"与"团队协作能力"的平均数等级分均为 2.57, 属于中等偏上水平, 这说明 H 大学跨学科博士生对跨学科知识的掌握以及个人的团队协作能力满意度较高。"独立的跨学科研究能力"的平均数等级分为 2.44, 略好于中等水平。人文社科领域、工程领域、医学领域的"跨学科创新能力"平均等级分为 2.40、2.41、2.42, 略好于中等水平。而满意度相对较低的是"领导力", 平均等级分为 2.31 (如表 6-3 所示)。

表 6-3　跨学科博士生培养质量的综合评价得分

	结果质量自评	知识掌握	跨学科创新能力	独立的跨学科研究能力	领导力	团队协作能力
加权得分	2.48	2.57	2.40(人文社科领域) 2.41(工程领域) 2.42(医学领域)	2.44	2.31	2.57

各交叉团队跨学科博士生的结果质量自评略有不同, 可以通过平均值进行比较。其中, 神经与心血管保护药物研究团队的结果质量自评最好, 平均值为 3.98, 说明该研究团队的跨学科博士生对结果质量的满意度最高。其次为非传统安全研究团队, 该研究团队的得分平均值为 3.84。跨学科博士生培养的结果质量自评稍弱的是 ITER 相关科学与技术研究团队, 总体评价平均值为 3.35, 这可能是 ITER 团队的研究方向本身就属于跨学科性质, 培养的过程和环节与那些没有接受创新研究院资助的博士生并没有什么不同, 使得跨学科博士生在对跨学科知识和能力方面缺乏明确目标造成的。各交叉团队跨学科博士生培养质量自评平均得分如表 6-4 所示。

表 6-4　各交叉团队跨学科博士生培养质量自评平均得分

所属交叉团队名称	平均数	人数	标准差
神经系统重大疾病研究团队	3.45	8	0.414
神经与心血管保护药物研究团队	3.98	9	0.639
心血管等重大疾病研究团队	3.53	25	0.518
动力与储能电池研究团队	3.70	14	0.428
固体氧化物燃料电池研究团队	3.64	10	0.598
ITER 相关科学与技术研究团队	3.35	29	0.612
强磁场研究团队	3.60	32	0.554

表6-4(续)

所属交叉团队名称	平均数	人数	标准差
生物质能源研究团队	3.79	24	0.402
燃烧源重金属与颗粒物排放控制研究团队	3.48	28	0.645
半导体照明技术与应用研究团队	3.45	23	0.848
非传统安全研究团队	3.84	10	0.600
总计	3.58	212	0.601

6.2.2.2　H大学跨学科博士生培养结果质量自评的分维度评价

按照跨学科博士生培养质量评价指标体系的维度划分，结果质量自评维度包含知识掌握、跨学科创新能力、独立的跨学科研究能力、领导力和团队协作能力5个指标。

（1）H大学跨学科博士生培养结果质量自评的知识掌握。

如表6-5所示，H大学跨学科博士生对知识掌握的自评平均数等级分为2.57，对跨学科知识结构的构建以及对相关学科知识的掌握程度的平均数等级分为2.56和2.58，属于中等偏上水平，说明H大学跨学科博士生对这两项的满意度较高。就这两项比较而言，对相关学科知识和方法掌握的满意度要略好于对跨学科知识结构构建的满意度，说明跨学科博士生在构建与研究方向相适应的知识结构方面还有待加强。

表6-5　知识掌握自评的平均数等级分

	优(3)/%	良(2)/%	差(1)/%	平均数等级分
我有能力构建与我的研究方向相适应的知识结构	59.9	36.3	3.8	2.56
我对至少一门相关学科的知识和研究方法十分熟悉	63.7	30.2	6.6	2.58
知识掌握				2.57

此外，各交叉团队跨学科博士生对知识掌握的自评也有所差异，本书同样可以通过比较得分均值来进一步了解其差异。其中神经与心血管保护药物研究团队的得分最高，平均值为4.06，4代表"比较符合"，说明该团队跨学科博士生对知识掌握的满意度较高。其次为生物质能源研究团队，平均得分为3.79，处于"一般符合"与"比较符合"之间，满意度较神经与心血管保护药物研究团队稍低。其余研究团队的跨学科博士生知识掌握自评的平均得分也

都处于 3.5~3.7，满意度低于前两个团队（如表 6-6 所示）。

表 6-6 各交叉团队的知识掌握自评得分表

所属交叉团队名称	平均数	频次	标准差
神经系统重大疾病研究团队	3.56	8	0.678
神经与心血管保护药物研究团队	4.06	9	0.726
心血管等重大疾病研究团队	3.64	25	0.700
动力与储能电池研究团队	3.68	14	0.575
固体氧化物燃料电池研究团队	3.65	10	0.626
ITER 相关科学与技术研究团队	3.60	29	0.618
强磁场研究团队	3.66	32	0.640
生物质能源研究团队	3.79	24	0.606
燃烧源重金属与颗粒物排放控制研究团队	3.77	28	0.739
半导体照明技术与应用研究团队	3.61	23	0.782
非传统安全研究团队	3.75	10	1.034
总计	3.69	212	0.685

（2）H 大学跨学科博士生培养结果质量自评的跨学科创新能力。

H 大学人文社科领域跨学科博士生、工程领域跨学科博士生、医学领域跨学科博士生对结果质量自评中的跨学科创新能力平均数等级分分别为 2.40、2.41 和 2.42，属于良好，略好于中等水平。其中跨学科意识的平均数等级分为 2.47，好于中等水平，人文社科领域跨学科博士生对跨学科方法的整合自评的平均数等级分为 2.34，工程领域跨学科博士生对基础知识与应用的整合自评的平均数等级分为 2.35，医学领域跨学科博士生对实验验证的整合自评的平均数等级分为 2.38，说明医学领域跨学科博士生对个人的跨学科创新能力满意度最高，工程领域跨学科博士生的满意度次之，人文社科领域跨学科博士生的满意度相对较低（如表 6-7 所示）。

表 6-7 跨学科创新能力自评的平均数等级分

	优（3）/%	良（2）/%	差（1）/%	平均数等级分
我有意识从多学科视角分析问题	53.7	40.6	5.6	2.47
跨学科方法的整合	46.7	41.5	11.8	2.34

表6-7(续)

	优(3)/%	良(2)/%	差(1)/%	平均数等级分
基础知识与应用的整合	47.2	41.5	11.3	2.35
基于实验验证的整合	50.4	37.7	11.7	2.38
社会科学领域跨学科创新能力				2.40
工程领域跨学科创新能力				2.41
医学领域跨学科创新能力				2.42

（3）H大学跨学科博士生培养结果质量自评的独立的跨学科研究能力。

在独立的跨学科研究能力方面，包括了"能综合相关学科的知识和思想""能对研究思路的可行性进行严格论证"以及"能独立处理科研中遇到的困难"三项。H大学跨学科博士生独立的跨学科研究能力自评的平均数等级分为2.44，属于良好，略好于中等水平。在"能综合相关学科的知识和思想、对研究思路的可行性进行严格论证"选项上，平均数等级分为2.35。在"能独立处理科研中遇到的困难"选项上，平均数等级分为2.54，说明H大学跨学科博士生综合相关学科知识并论证研究思路可行性的能力相比于独立处理科研中困难的能力稍弱（如表6-8所示）。

表6-8　独立的跨学科研究能力平均数等级分

	优(3)/%	良(2)/%	差(1)/%	平均数等级分
能综合相关学科的知识和思想、能对研究思路的可行性进行严格论证	46.2	42.9	10.8	2.35
能独立处理科研中遇到的困难	60.3	34.4	5.2	2.54
独立的跨学科研究能力				2.44

（4）H大学跨学科博士生培养结果质量自评的领导力。

领导力是跨学科能力的一个重要方面。在跨学科工作情境中，跨学科博士需要具备基本的领导素质，具体而言，就是有能力独立负责并领导一个小组完成跨学科科研任务，在这个过程中能够把握跨学科研究的进度和节点。H大学跨学科博士生对领导力的自评平均数等级分为2.31，属于良好，但与其他的结果质量自评的指标相比较而言满意度较低。在"能带领一个跨学科小组解决一个跨学科问题"选项上和"能把握跨学科研究的进度和节点"选项上，平均数等级分别为2.30和2.31，属于良好，处于中等水平。相比之下，H 大学跨学科博士生对自我的领导力评价不高，满意度相对较低（如表 6-9 所示）。

表 6-9　领导力平均数等级分

	优(3)/%	良(2)/%	差(1)/%	平均数等级分
能带领一个跨学科小组解决一个跨学科问题	45.3	39.6	15.1	2.30
能把握跨学科研究的进度和节点	41.5	48.1	10.3	2.31
领导力				2.31

（5）H 大学跨学科博士生培养结果质量自评的团队协作能力。

团队协作能力也是跨学科博士生培养能力的一个重要方面。无论是跨学科的研究情境还是跨学科工作情境都决定了团队协作能力的重要性。对于跨学科博士生的团队协作能力的培养主要表现在是否能很好地融入课题组与是否能协调好个人的课题任务与团队其他成员课题任务之间的关系上。H 大学跨学科博士生对团队协作能力自评的平均数等级分为 2.57，处于中等偏上水平。在"能融入课题组"选项上，平均数等级分为 2.66，明显好于中等水平。在"能协调好与课题组其他成员完成任务的关系"选项上，平均得分为 2.48，比前者稍低，但仍略好于中等水平（如表 6-10 所示）。总体看来，H 大学跨学科博士生的团队协作能力自评的满意度较高。

表 6-10　团队协作能力平均数等级分

	优(3)/%	良(2)/%	差(1)/%	平均数等级分
能融入课题组	69.4	27.4	3.3	2.66
能协调好与课题组其他成员完成任务的关系	53.8	40.6	5.6	2.48
团队协作能力				2.57

6.2.3　跨学科博士生的学术成果评价

由于 H 大学跨学科博士生论文发表并没有署名为创新研究院或交叉团队，这给识别和收集跨学科博士生学术成果的数据带来了困难。本评价中的 H 大学跨学科博士生学术成果数据来源为创新研究院对第一聘期交叉团队的考核数据，在所获取的数据中，除 1 个团队的相关数据缺失外，其余 10 个交叉团队学术成果数据相对完整。所收集到的数据显示，2009—2012年第一个聘期10个交叉团队总共约300名隶属创新研究院的跨学科博士生共发表A类论文634篇（跨学科博士生为第一作者或导师为第一作者跨学科博士生为第二作者），人均发表A类论文数超过2篇，按照综合评价的赋值，H大学跨学科博士生的人均发表论文数为优，10个交叉团队中共有2篇博士论文获全国百篇优秀博士论文提名奖、有2篇博士论文获省优秀博士论文奖。从学术成果的质量上看，H大学的学术成果质量为优，取值为3。

本书认为H大学的跨学科博士生学术成果可能与不同研究领域发表高水平论文的难易程度以及研究领域的科研实力有关。由于H大学是一所有理工科背景的研究性大学，在所统计的10个交叉团队中有6个是理工类跨学科团队、3个是医学跨学科团队，只有1个交叉团队属于人文社科领域，理工类发表A类相比于人文社科发表A类要容易一些。此外，H大学的跨学科交叉团队具有实力雄厚的科研平台，几乎每个团队都有不止一项的"973"项目和国家自然科学基金资助，研究经费也较充足，这些都为跨学科博士生们发表高水平论文创造了条件。

6.2.4　跨学科博士生培养的过程质量评价

跨学科博士生培养的过程质量包括跨学科博士生培养的招生、课程修习、导师指导、科研训练和学位论文五个环节的质量。对H大学跨学科博士生培养的过程质量的评价，本书将首先分析H大学跨学科博士生培养的总体特点，这将增进对H大学跨学科博士生培养各个环节的理解，随后再对过程质量的各环节评价情况进行介绍。

6.2.4.1　H大学交叉团队跨学科研究的总体特点

H大学跨学科博士生的培养是在接受创新研究院资助的11个跨学科交叉研究团队中进行的，通过让跨学科博士生参与每个交叉团队的跨学科研究项目来实现跨学科博士生在知识、能力方面的提高。跨学科交叉研究团队所依托的跨学科研究项目特点决定了跨学科博士生培养的方式和特点，同时也决定了跨学科博士生培养过程质量在各个维度上的表现。

按照 Katri Huutoniemi 等学者提出的跨学科研究的分类，即将跨学科研究分为百科全书式多学科研究、语境式多学科研究、复合式多学科研究、实证的跨学科研究、方法论跨学科研究和理论跨学科研究。在H大学多数跨学科团队所开展的跨学科研究主要呈现出复合式跨学科研究特点，即研究项目以模块化的方式结合各学科知识，研究流程是按顺序进行的，它们之间的相互整合是技术性的、整套的。如心血管等重大疾病研究团队涉及生命科学与技术学院、协和医院和化学与化工学院，它们之间的跨学科合作构成一个完整的研究流程，生命科学与技术学院负责研究心血管病等重大疾病发病的分子机制，化学与化工学院负责实验的分析，协和医院负责临床应用。也有少数研究团队所开展的跨学科研究涉及范围很广，呈现语境式多学科研究的特点，主题是在多学科的语境和背景中产生的，学科间的相互作用也仅仅表现在问题的设定上，跨学科知识的实现不涉及各学科的整合。如生物质能源研究团队通过整合学校能源、生命、环境、机械、化学等学科在生物质能源利用技术研发方面的优势资源，将生物、化学和物理方法以及热转化过程有机整合到从生物质原料到高价值产品、从基础研究到工程应用的全过程。团队成员来自 H 大学能源与动力工程学院、生命科学与技术学院、环境科学与工程学院、化学与化工学院、机械科学与工程学院，涉及范围广，不同学科共同构成生物质能源的大方向，但结构比较松散。另外，H 大学的唯一一个社科与理工交叉研究团队非传统安全研究团队的研究特点比较复杂，在社科交叉内部，涉及多学科方法的整合，呈现出方法论跨学科研究的特点，即不仅表现为方法的简单移植，而是通过创新式地整合，发展出适合跨学科语境的方法。而社科与理工交叉则呈现出语境式多学科研究特点，即主题是在多学科的语境和背景中产生的，学科间的相互作用也仅仅表现在问题的设定上，跨学科知识的实现不涉及各学科的整合。

相应地，跨学科博士生培养的特点也与跨学科研究特点相适应，如复合式多学科研究的博士生培养比较少涉及不同学科理论与方法的整合，但相关学科之间仍然需要交流和沟通，以确定跨学科研究的各个步骤。语境式多学科研究的跨学科博士生培养只要将博士生的研究方向与跨学科团队的研究方向保持一致即可，缺少研究的整合以及相互沟通。而方法论跨学科研究的博士生培养则注重相关学科研究方法的学习与整合。

6.2.4.2　H 大学跨学科博士生培养过程质量的综合评价

H 大学跨学科博士生培养过程质量的综合评价最后加权得分为 2.14，处于中等水平。其中"导师指导"的质量相对较高，平均数等级分为 2.42，属于良好。其次为"学位论文"环节，平均数等级分为 2.37，略好于中等水平。再次为"招生"，平均数等级分为 2.14，处于中等水平。而"课程修习"与"科研训练"环节的质量评价较低，平均数等级分分别为 1.95 和 1.89，处于中等偏下水平（如表6-11所示）。

表6-11 跨学科博士生培养过程质量的综合评价得分表

	过程质量	招生	课程修习	导师指导	科研训练	学位论文
加权得分	2.14	2.14	1.95	2.42	1.89	2.37

6.2.4.3 H大学跨学科博士生的招生质量

跨学科博士生的招生是跨学科博士生培养的第一个环节。其生源质量体现在跨学科博士生的跨学科背景和研究素质上。在跨学科博士生的学科背景方面，以是否跨一级学科和是否跨研究领域为标准对跨学科博士生的学科背景进行测量。评价结果显示生源质量平均数等级分为2.14，属于良好，基本处于中等水平。其中，"跨学科背景"的平均数等级分为1.60，属于中等偏下水平。按一级学科划分，有跨学科背景的博士生共40名，占样本总数的19.1%。而既无跨一级学科背景也无跨研究领域背景的博士生共124名，占样本总数的58.5%，说明大部分跨学科博士生都不具有跨学科的学习背景。研究素质的判断指标为跨学科博士生的学习经历，具体操作化为本科和硕士毕业院校水平。H大学跨学科博士生研究素质的平均等级分为2.68，明显好于中等水平，其中，本科高校与硕士高校为"985"高校和"211"高校的跨学科博士生共175人，占样本总数的82.5%，说明H大学跨学科博士生生源的研究素质水平较高。

表6-12 跨学科博士生本科高校来源分布

	优(3)/%	良(2)/%	差(1)/%	平均数等级分
跨学科背景	19.1	22.4	58.5	1.60
学习经历	73.1	22.2	4.7	2.68
招生				2.14

另外，还可以大致了解下H大学的生源结构。在生源结构方面，本科非本校的跨学科博士生共79人，占样本总数的37.3%，其中本科非本校的"985"高校的跨学科博士生18名，占所有本科非本校跨学科博士生总人数的22.7%。硕士非本校的跨学科博士生共36人，占样本总数的17.0%，其中硕士非本校的"985"高校跨学科博士生10名，占所有硕士非本校的跨学科博士生总人数的27.8%。也就是说，H大学跨学科博士生的生源结构呈现出一定程度的多样性，但仍以本校生源为主（如表6-13所示）。

表 6-13　跨学科博士生本科高校来源分布

	本科来源			硕士来源		
	频次	有效百分比	累计百分比	频次	有效百分比	累计百分比
本校	133	62.70	62.70	176	83.0	83.00
其他"985"高校	18	8.50	71.20	10	4.7	87.70
其他"211"高校	24	11.3	82.50	10	4.7	92.50
科研机构	0	0.00	100.00	2	0.9	93.40
其他	37	17.50	100.00	14	6.6	100.0
总计	212	100.0		212	100.0	

6.2.4.4　H 大学跨学科博士生的课程修习质量

"跨学科课程的有用性与相关性"和"跨学科课程的基础性和前沿性"分别由 2 个题项进行测量，因此需要对这 2 个三级指标进行效度和信度的检验。由于题项数量较少，不适合进行因子分析，因此本书选择用国外研究中常使用的"Item-to-total 项目与总体相关系数"进行效度检验，主要标准是"Item-to-total 项目与总体相关系数"大于 0.35[①]，目的是检验三级指标下的各题项是否能共同反映该指标。信度则是检验每组题目的内部一致性。

（1）效度检验结果。

"跨学科课程的有用性与相关性"的题项 Item-to-total 相关系数分别为 0.798 和 0.837，"跨学科课程的基础性与前沿性"的题项 Item-to-total 相关系数分别为 0.850 和 0.870，说明题项较好地反映了各三级指标的内容（如表 6-14 所示）。

表 6-14　三级指标的 Item-to-total 项目与总体相关系数检验

三级指标	题项	Item-to-total 系数
跨学科课程的有用性与相关性	课程计划与研究方向和学科基础相适应	0.798
	跨学科知识主要从课程中获得	0.837
跨学科课程的基础性与前沿性	跨学科课程内容兼顾基础性和前沿性	0.850
	跨学科课程注重培养逻辑思维能力和跨学科学习技巧	0.870

[①]　转引于赵东霞. 城市社区居民满意度模型与评价指标体系研究 [D]. 大连：大连理工大学，2010：46.

（2）信度检验结果。

本书采用 Cronbach's Alpha 系数检验三级指标的内部一致性。根据吴明隆的观点，信度系数在 0.5~0.6 是可接受的，在 0.7 以上最好①。"跨学科课程的有用性与相关性"的 ALPHA 系数为 0.603，"跨学科课程的基础性与前沿性"的 ALPHA 系数为 0.648，说明这两个三级指标的题目均达到良好的内部一致性。

（3）H 大学跨学科博士生的课程质量评价。

跨学科博士生的课程修习是跨学科博士生培养体系的重要环节，课程质量体现在跨学科课程量、跨学科课程的有用性与相关性和跨学科课程的基础性与前沿性上。在"跨学科课程量"选项上，本书用对跨学科课程量的满意度进行测量，调查显示，跨学科课程量的满意度平均数等级分为 1.56，明显低于中等水平。在跨学科课程量方面，"选修或旁听的跨学科课程数"最小值为 0，最大值为 8，平均值为 2.25，说明跨学科博士生所修或旁听的跨学科课程约 2门，标准误为 1.38，说明跨学科博士生所修或旁听的跨学科课程比较分散。其中，选择 2 门跨学科课程的人数最多，为 81 人，占样本总数的 38.2%；选择 1 门跨学科课程的人数次之，为 52 人，占样本总数的 24.5%；还有 10 人没有选修或旁听跨学科课程，占样本总数的 4.7%。另外，在"课程学习时间占整个学习时间比例"上，平均值为 2.396 2，2 代表的是 10%~20%，3 代表的是 20%~30%，说明跨学科博士生课程学习时间占整个学习时间的比例低于20%（如表 6-15 所示）。

表 6-15　跨学科博士生的跨学科课程量得分

	人数	最小值	最大值	平均数	标准差
课程学习时间占整个学习时间比例	212	1.00	6.00	2.396 2	1.206
选修或旁听的跨学科课程数	212	0.00	8.00	2.250 0	1.380
跨学科课程量	212	1.00	5.00	2.405 7	0.835

"跨学科课程的有用性与相关性"的平均数等级分为 2.10，处于中等水平。其中的"课程计划与研究方向和学科基础相适应"和"跨学科知识主要从课程中获得"的平均数等级分别为 2.43 和 1.77，说明 H 大学跨学科博士生的课程计划与跨学科博士生的研究方向和基础较为适应，但课程体系在满足跨学科博士生学习相关学科知识上存有缺陷，也进一步反映了相关课程开设不

---

① 吴明隆. 问卷统计分析实务：SPSS 操作与应用 [M]. 重庆：重庆大学出版社，2010：244.

足，不能满足跨学科博士生进行跨学科学习的需要。"跨学科课程的基础性与前沿性"的平均数等级分为 2.20，处于中等水平。其中，"跨学科课程内容兼顾基础性与前沿性"和"跨学科课程注重培养逻辑思维能力和跨学科学习技巧"两项的平均数等级分分为 2.27 和 2.13，处于中等水平（如表 6-16 所示）。

表 6-16　跨学科博士生课程修习质量得分

	优(3)/%	良(2)/%	差(1)/%	平均数等级分
跨学科课程量满意度	5.7	44.8	49.5	1.56
课程计划与研究方向和学科基础相适应	56.1	31.6	12.3	2.43
跨学科知识主要从课程中获得	21.7	34	44.3	1.77
跨学科课程的有用性与相关性				2.10
跨学科课程内容兼顾基础性与前沿性	43.9	39.6	16.5	2.27
跨学科课程注重培养逻辑思维能力和跨学科学习技巧	37.3	38.7	24.1	2.13
跨学科课程的基础性与前沿性				2.20
课程修习				1.95

6.2.4.5　H 大学跨学科博士生的导师指导质量

（1）"导师的鼓励"信效度检验。

"导师的鼓励"由 2 个题项进行测量，需要首先对它进行信效度检验。效度检验同样采用"Item-to-total 项目与总体相关系数"进行检验，"导师的鼓励"的题项 Item-to-total 相关系数分别为 0.934 和 0.930，说明题项较好地反映了该指标的内容。信度采用 Cronbach's Alpha 系数检验其内部一致性，"导师的鼓励"ALPHA 系数为 0.848，说明该指标的题目达到良好的内部一致性（如表 6-17 所示）。

表 6-17　"导师的鼓励"的 Item-to-total 项目与总体相关系数检验

三级指标	题项	Item-to-total 系数
导师的鼓励	当我在研究过程中遇到困难时，我的导师经常鼓励我	0.934
	在研究过程中，导师总会认真考虑我提出的建议	0.930

（2）H大学跨学科博士生的导师指导质量评价。

跨学科博士生导师指导的质量体现在导师指导频率、导师和导师组的指导能力以及导师的鼓励上。如表6-18所示，H大学跨学科博士生在导师指导频率上的平均数等级分为2.1，处于中等水平，H大学跨学科博士生与导师每月就学术问题交流次数平均为2.68次。另外，为进一步了解导师指导频率的相关信息，本书还关注了导师的时间投入。H大学导师指导在校博士生人数的最小值为1，最大值为40，平均值为9.03，说明跨学科博士生导师指导的博士生人数约为9名，标准误为7.17，说明跨学科博士生导师指导的博士生人数差异很大，其中选择最多的是指导人数为8名，占样本总数的21%。在跨学科博士生对导师指导博士生人数的看法上，平均得分为1.68，1代表太多、2代表适中、3代表太少，说明跨学科博士生认为导师指导博士生人数较多。

表6-18 跨学科博士生导师指导质量得分

	优(3)/%	良(2)/%	差(1)/%	平均数等级分
导师指导频率	40.6	29.7	29.7	2.10
当我在研究过程中遇到困难时，我的导师总会为我提供帮助	64.1	30.7	5.2	2.58
当我在研究过程中遇到困难时，导师组总会为我提供帮助	61.4	30.7	8.0	2.53
导师和导师组的指导能力				2.55
当我在研究过程中遇到困难时，我的导师经常鼓励我	68	25.5	6.6	2.61
在研究过程中，导师总会认真考虑我提出的建议	68.8	25.5	5.7	2.63
导师的鼓励				2.62
导师指导				2.42

在导师和导师组的指导能力上，本书首先了解了H大学跨学科博士生的导师指导方式。其中，选择"单一导师制"的跨学科博士生共96人，占样本总数的45.3%，选择"双导师制"的共75人，占样本总数的35.4%，选择"导师与导师组共同指导"的共38人，占样本总数的17.9%。可见，跨学科博士生的导师指导以单一导师制和双导师制为主，导师组对跨学科博士生的指导作用没有发挥出来。"当我在研究过程中遇到困难时，我的导师总会为我提供帮助"和"当我在研究过程中遇到困难时，导师组总会为我提供帮助"的

平均数等级分分别为 2.58 和 2.53，好于中等水平，说明在那些有导师和导师组共同指导的跨学科博士生的培养中，导师和导师组的指导能力和指导作用还是有明显体现的。

在导师的鼓励方面，在"当我在研究过程中遇到困难时，我的导师经常鼓励我"和"在研究过程中，导师总会认真考虑我提出的建议"两个选项上，平均数等级分分别为 2.61 和 2.63，明显好于中等水平，说明 H 大学跨学科博士生导师经常鼓励学生，同时对学生所提出的研究建议比较重视，这也从另一个侧面反映了导师对跨学科博士生的鼓励和认可。

6.2.4.6　H 大学跨学科博士生科研训练的质量评价

跨学科博士生科研训练的质量体现在课题与跨学科研究项目的关系、跨学科博士生独立负责子课题的经历和学术会议与学术报告三个方面。如表 6-19和表 6-20 所示，H 大学跨学科博士生人均参与课题数约为 2 项。就参与课题与跨学科研究项目之间的关系而言，平均数等级分为 2.09，处于中等水平，说明课题与跨学科研究项目关系一般，并不十分紧密。在"独立负责子课题的经历"上，平均数等级分为 1.84，处于中等偏下水平。在该选项上出现的最小值为 0，最大值为 4，平均值 1.92，1 表示 0 次，2 表示 1 次，说明 H 大学跨学科博士生人均独立负责子课题的经历不到 1 次。

H 大学跨学科博士生在"学术会议与学术报告"上的平均数等级分为1.74，处于中等偏下水平，其中，参加国际会议次数最小值为 0，最大值为 4，平均值为 0.83，说明 H 大学跨学科博士生平均参加国际会议次数不到 1 次；参加国内会议次数最小值为 0，最大值为 7，平均值为 1.17，说明 H 大学跨学科博士生平均参加国内会议次数约为 1 次；所做学术报告次数最小值为 0 次，最大值为 10 次，平均值为 0.74，说明 H 大学跨学科博士生所做学术报告平均次数不到 1 次。

表 6-19　跨学科博士生科研训练质量得分

	优(3)/%	良(2)/%	差(1)/%	平均数等级分
课题与跨学科研究项目的关系	38.7	32.5	28.8	2.09
独立负责子课题的经历	24.5	35.4	40.1	1.84
学术会议与学术报告	25.4	23.2	51.4	1.74
科研训练				1.89

表 6-20　跨学科博士生科研训练选项分布

	人数	最小值	最大值	平均数	标准差
参与课题与团队研究方向的关系	212	1.00	4.00	3.071	0.871
独立负责子项目的经历	212	0.00	4.00	1.92	0.955
参加国际学术会议次数	212	0.00	4.00	0.83	1.063
参加国内学术会议次数	212	0.00	7.00	1.17	1.253
学术报告次数	212	0.00	10.00	0.74	1.3789

6.2.4.7　H 大学跨学科博士生培养的学位论文环节质量

跨学科博士生培养的学位论文环节质量体现在学位论文与跨学科研究项目的关系和学位论文环节的执行上。如表 6-21 所示，H 大学跨学科博士生"学位论文与跨学科研究项目的关系"平均数等级分为 2.09，基本处于中等水平，说明跨学科博士学位论文与跨学科研究项目并不十分密切。"学位论文环节的执行"平均数等级分为 2.65，好于中等水平，说明跨学科博士学位论文环节的执行比较严格。具体到各学位论文环节的执行上，答辩最为严格，平均数等级分为 2.89，其次为预答辩，学位论文开题报告和中期报告的严格水平稍弱。

表 6-21　跨学科博士生学位论文环节质量得分

	优(3)/%	良(2)/%	差(1)/%	平均数等级分
学位论文与跨学科研究项目的关系	37.7	34	28.3	2.09
开题报告	69.3	19.8	10.8	2.58
中期报告	65.1	22.2	12.7	2.52
预答辩	72.1	19.8	8.1	2.64
答辩	92	5.2	2.8	2.89
学位论文环节的执行				2.65
学位论文				2.37

6.2.5　跨学科博士生培养的学术支持质量评价

跨学科博士生培养的学术支持，包括跨学科博士生培养的资源提供、对跨学科博士生的激励、交流的机会以及经费资助四个方面。H 大学跨学科博士生培养的学术支持组织主要有创新研究院和各交叉研究团队，创新研究院主要负责对跨学科博士生的激励和经费资助以及提供跨学科学术交流的机会。各交叉研究团队主要负责各类资源的协调，同时也涉及跨学科学术交流机会的提供。

6.2.5.1 H 大学跨学科博士生培养的学术支持综合评价

H 大学跨学科博士生学术支持质量的综合评价最后加权得分为 1.87，处于中等偏下水平。其中"交流机会"的平均数等级分为 2.09，属于中等水平。其次为"经费资助"环节，平均数等级分为 2.01，属于中等水平。再次为"激励"和"资源提供"，平均数等级分为 1.77 和 1.74，处于中等偏下水平（如表 6-22 所示）。

表 6-22　跨学科博士生培养学术支持综合评价得分

	学术支持	资源提供	激励	交流机会	经费资助
加权得分	1.87	1.74	1.77	2.09	2.01

6.2.5.2 H 大学跨学科博士生培养的资源提供

（1）"研究资源的共享"信效度检验。

"研究资源的共享"由 3 个题项进行测量，需要首先对它进行信效度检验。效度检验同样采用"Item-to-total 项目与总体相关系数"进行检验，"研究资源的共享"的题项 Item-to-total 相关系数分别为 0.822、0.863 和 0.900，说明题项较好地反映了该指标的内容。信度采用 Cronbach's Alpha 系数检验其内部一致性，"研究资源的共享"ALPHA 系数为 0.826，说明该指标的题目达到良好的内部一致性（如表 6-23 所示）。

表 6-23　"研究资源的共享"的 Item-to-total 项目与总体相关系数检验

三级指标	题项	Item-to-total 系数
研究资源的共享	创新研究院或我所在的交叉团队经常举办跨学科的讲座	0.822
	创新研究院或交叉团队为我提供了共享相关学科实验室的机会和其他研究资源	0.863
	在学习过程中遇到困难时，我能通过交叉团队寻求帮助	0.900

（2）H 大学跨学科博士生培养的资源提供评价。

跨学科博士生培养的资源提供包括研究资源的共享以及是否具有增加跨学科博士生之间交流的场所上。如表 6-24 所示，"研究资源的共享"平均数等级分为 2.14，处于中等水平。其中，"创新研究院或我所在的交叉团队经常举办跨学科的讲座"平均数等级分为 2.23，处于中等水平。通过访谈得知 H 大学创新研究院主要通过举办创新论坛，即每期指定一个交叉团队，由该交叉团队的老师或同学举行讲座的方式共享研究成果，并要求各交叉团队的跨学科博士生参加，本书也对这种轮流讲座的方式对跨学科博士生的帮助做了调查，调查显示有34.4%的跨学科博士生认为轮流讲座对他们有比较大的帮助，有33.1%的跨学科博士生认为轮流讲座对他们没什么帮助。

在"创新研究院或交叉团队为我提供共享相关学科实验室的机会和其他研究资源"选项上，平均数等级分为2.11，处于中等水平，说明研究资源的共享上还有待提高。"在学习过程中遇到困难时，我能通过交叉团队寻求帮助"选项的平均数等级分为2.09，处于中等水平，说明交叉团队应该进一步发挥团队集结相关学科的优势，帮助跨学科博士生克服学习上的困难。

"增加跨学科博士生之间交流的场所"的平均数等级分为1.35，属于差，说明H大学没有为跨学科博士生提供日常交流的场所。调研显示，在各交叉团队内部呈现出两种情况：一为跨学科博士生同属一个院系，由于研究方向本身具有学科交叉性质，被遴选为跨学科博士生培养研究团队。这一类交叉团队的跨学科博士生在同一个实验室工作，主要依托学科资源开展跨学科研究，实验室成为跨学科博士生日常交流的场所。另一种情况是来自不同院系的博士生和博士生导师共同组成跨学科研究团队，团队研究项目需要通过各个学科之间的合作完成，缺乏不同院系的跨学科博士生之间交流的固定场所。而创新研究院也没有提供固定的场所供跨学科博士生们开展交流[1]。

表6-24　跨学科博士生培养学术支持资源提供得分

	优(3)/%	良(2)/%	差(1)/%	平均数等级分
创新研究院或我所在的交叉团队经常举办跨学科的讲座	43.4	36.3	20.3	2.23
创新研究院或交叉团队为我提供共享相关学科实验室的机会和其他研究资源	38.7	34.4	26.9	2.11
在学习过程中遇到困难时，我能通过交叉团队寻求帮助	38.2	33.5	28.3	2.09
研究资源的共享				2.14
增加跨学科博士生之间交流的场所	5.6	24.2	70.2	1.35
资源的提供				1.74

---

① 结论主要来源于问卷主观题答案的整理。

6.2.5.3 对跨学科博士生的激励

H 大学主要由创新研究院提供对跨学科博士生的激励。对跨学科博士生的激励体现在对跨学科博士生身份的认可和提供促进跨学科博士生学习的激励政策。在对跨学科博士生身份认可方面，平均数等级分为 1.81，属于中等偏下水平，说明 H 大学跨学科博士生缺乏对自己跨学科博士生身份的认可。调研发现，创新研究院在工作条例中注明在跨学科博士生毕业时将会获得由创新研究院颁发的证书，但在实际操作中，则忽略了证书的发放，使得跨学科博士生认为自己与非跨学科博士生没有什么不同，只是毕业标准高一些而已[1]。

如表 6-25 所示，在"现行的激励政策是否能激励跨学科博士生学习"上，平均数等级分为 1.73，处于中等偏下水平，说明 H 大学对跨学科博士生的激励政策的激励作用十分有限。据了解，H 大学创新研究院主要以提高生活费的方式促进跨学科博士生的学习。而跨学科博士生认为这种方式基本起不到激励作用。在"您认为创新研究院采用哪种方式最有助于您的学术成长"选项上，选择最多的"设立博士生交叉学科课题资助基金"和"举办非正式的活动为相关学科博士生提供认识渠道"，分别有 101 人和 85 人选择，占样本总数的 47.6% 和 40.1%，其次为"对发表高水平论文或参加竞赛进行奖励"和"提高生活费"。

表 6-25　跨学科博士生培养学术支持激励得分

	优(3)/%	良(2)/%	差(1)/%	平均数等级分
对跨学科博士生身份的认可	20.5	40.3	39.2	1.81
现行的激励政策是否能激励跨学科博士生学习	15.2	43.3	41.5	1.73
激励				1.77

6.2.5.4 对跨学科博士生交流机会的提供

在跨学科博士生交流机会的提供方面，测量指标有与其他研究机构或产业界合作的机会、团队内跨学科博士生之间的交流频率和与本书方向的其他研究人员的交流频率。在"与其他研究机构或产业界合作的机会"上，平均数等级分为 1.85，处于中等偏下水平，说明 H 大学提供的相关的合作交流机会太少，覆盖面窄。据了解，H 大学创新研究院提供跨学科学术交流机会的方式主要是让所资助的所有跨学科研究团队轮流举办讲座。为此，本书也测量了

---

[1]　结论主要来源于问卷主观题答案的整理。

"创新研究院举办的各交叉团队轮流讲座的方式对我的研究是否有帮助"，在这一选项上，选择"一般符合"的有 60 人，占适合填写此项人数的 39.7%，选择"比较不符合"和"非常不符合"的有 58 人，占适合填写此项人数的 38.4%，说明轮流讲座的方式作用有限。

在"团队内跨学科博士生之间的交流频率"选项上，平均数等级分为 2.03，处于中等水平，说明跨学科博士生与团队内部其他博士生之间的交流频率略低。在"与本书方向的其他研究人员的交流频率"选项上，平均数等级分为 2.40，略好于中等水平，说明跨学科博士生与本书方向的其他研究人员交流频率还比较高（如表6-26 所示）。

表6-26　跨学科博士生培养学术支持交流得分

	优(3)/%	良(2)/%	差(1)/%	平均数等级分
与其他研究机构或产业界合作的机会	12.3	61.3	26.4	1.85
团队内跨学科博士生之间的交流频率	28.8	45.8	25.4	2.03
与本书方向的其他研究人员的交流频率	52.4	35.4	12.3	2.40
交流机会				2.09

6.2.5.5　跨学科博士生的经费资助

跨学科博士生的经费资助是跨学科博士生培养学术支持的十分重要的方面。跨学科博士生的经费资助指标分为资助信息的传达和资助的连续性与灵活性。

如表6-27 所示，H 大学跨学科博士生培养学术支持在"资助信息的传达"上，平均数等级分为 2.02，说明在资助信息的传达方面处于中等水平，应进一步加强跨学科博士生资助信息的上传下达。在"资助的连续性与灵活性"方面，平均数等级分为 2.00，处于中等水平，并且接受问卷调查的所有跨学科博士生无一例外地选择了"资助具有连续性但缺乏灵活性"，据了解，H 大学创新研究院主要采取提高生活费的方式对跨学科博士生予以资助，资助年限是 4 年，说明经费资助具有连续性，但在资助的灵活性方面，缺乏相应的资助政策[①]。这表明 H 大学要进一步优化对跨学科博士生的经费资助方式，提高经费资助的灵活性。

---

① 结论主要来源于对问卷主观题的整理。

表 6-27　跨学科博士生培养学术支持经费资助得分

	优(3)/%	良(2)/%	差(1)/%	平均数等级分
资助信息的传达	35.3	31.6	33	2.02
资助的连续性与灵活性	0	100	0	2.00
经费资助				2.01

6.3　H 大学跨学科博士生培养质量的综合评价

根据跨学科博士生培养质量评价指标体系的权重分布，可计算出 H 大学跨学科博士生培养质量的加权得分为 2.36，处于中等水平。总体看来，H 大学跨学科博士生的学术成果十分丰富，无论是核心论文的发表还是博士学位论文的质量都是较高的，反映出 H 大学跨学科博士生的科研能力很强。结果质量自评是跨学科博士生对自我的跨学科知识掌握和跨学科相关能力予以评价，平均数等级分为 2.48，说明自评的结果质量略好于中等水平。H 大学相对较弱的是跨学科博士生培养的过程质量和学术支持，过程质量基本处于中等水平，而学术支持则处于中等偏下水平（如表6-28所示）。

表 6-28　跨学科博士生培养质量综合评价得分

	培养质量	自评的结果质量	学术成果	过程质量	学术支持
加权得分	2.36	2.48	3.00	2.14	1.87

6.4　对调查结果的讨论

综上所述，将跨学科博士生培养质量评价体系应用于培养单位层次对跨学科博士生培养质量的评价是准确适用的。在结果质量自评方面，H 大学跨学科博士生的使命感与责任感方面处于较高水平，在知识掌握方面略好于中间水平，在能力培养方面处于中间水平。在学术成果维度，H 大学跨学科博士生学术成果丰富且质量很高。

在过程质量维度，生源质量方面有跨学科背景的跨学科博士生占到四成；

跨学科博士生在入学时的跨学科研究能力和跨学科研究素质水平较高；生源结构呈现出一定程度的多样性，但非本校的其他生源质量有待提高。课程修习质量方面基本处于中间水平，其中，跨学科博士生所修或旁听的跨学科课程平均约为2门，跨学科博士生认为所选修或旁听的跨学科课程量偏小，跨学科博士生课程学习时间占整个学习时间的比例低于20%；跨学科课程的有用性与相关性、基础性与前沿性处于中间水平，从跨学科课程获得知识低于中间水平。导师指导质量方面，在导师时间投入上跨学科博士生导师指导的博士生人数平均约为9名，跨学科博士生普遍认为导师指导博士生人数较多；在指导能力上，单一导师制的跨学科博士生占到接近一半，导师组对跨学科博士生的指导作用没有发挥出来，而跨学科博士生与交叉团队其他老师也较少交流，但在实行导师与导师组共同指导的跨学科博士生的指导能力上，导师和导师组的指导能力高于中间水平。科研训练质量方面，跨学科博士生参与课题与研究项目之间的关系处于中间水平；人均参与课题数约为2项，多数跨学科博士生认为课题任务过多、在一定程度上挤压了学习时间；人均独立负责子课题的经历不到1次；在参加会议上，跨学科博士生平均参加国际会议次数不到1次，平均参加国内会议次数约为1次，所做学术报告平均次数不到1次。学位论文环节质量方面，跨学科博士生的学位论文与团队研究项目的关系处于中间水平；在各学位论文环节的执行上，发表文章和答辩最为严格，学位论文开题报告和中期报告处于比较严格水平，相对发表文章和答辩严格水平稍弱。

在学术支持维度，资源的提供方面，研究资源的提供与学术资源的共享处于中间水平；在固定的交流场所上，院系内部的交叉团队实验室成为跨学科博士生日常交流的场所，而跨学科博士生分散于各院系的交叉团队则缺乏交流的固定场所。激励方面，在对跨学科博士生身份认可上，创新研究院忽略了跨学科学习证书的发放，而有约四成的跨学科博士生认为创新研究院的身份没有使自己更有动力学习；在激励政策上，创新研究院主要以提高生活费的方式激励跨学科博士生学习，然而跨学科博士生认为这种方式的激励作用十分有限。在交流机会方面，创新研究院采用轮流举办讲座的方式作用有限，经常交流的机会略低于中间水平；跨学科博士生与团队内部其他博士生之间的交流频率略低于中间水平；跨学科博士生与本书方向的其他研究人员交流频率约处于中间水平。经费资助方面，资助信息的传达处于中间水平；经费资助具有连续性，但缺乏灵活性。

H大学跨学科博士生培养可以从以下几个方面改进：

第一，交叉团队可以与国际国内顶尖高校建立联系，与相同研究方向的团队开展交流与合作，这一方面有利于提升生源结构的多样性并保证生源质量；另一方面，可以促进跨学科博士生与同研究方向的其他研究人员开展交流。

第二，应进一步开设适合跨学科博士生选修的跨学科课程，同时兼顾跨学科博士生的研究方向和学科基础。

第三，在导师指导方面，进一步发挥导师组指导的作用，并创造跨学科博士生与交叉团队其他老师之间的交流机会。

第四，在科研训练方面，跨学科博士生的学习需要花费更多时间，因而需要适当控制课题的任务量，为跨学科博士生提供相对充足的自由学习时间。同时，应该为每位跨学科博士生提供至少1次的独立负责子课题经历，以培养跨学科博士生的跨学科工作能力和成就感。还应提供跨学科博士生参加国际学术会议和做学术报告的机会。

第五，在学位论文方面，可以将交叉团队研究项目中的一部分作为跨学科博士生的学位论文，提高导师与导师组指导的针对性，在学位论文执行环节上，要严格执行学位论文开题报告和中期报告，这也为跨学科博士生与导师和导师组提供了一次高质量的交流机会。

第六，创新研究院要完善跨学科学习证书的发放、提供固定的跨学科博士生交流场所、对跨学科博士生的身份予以认可。同时，多举办非正式活动促进跨学科博士生之间的交流，在对跨学科博士生的激励方面可以制定多种激励政策，经费资助上注意资助的灵活性。

第七，创新研究院在资助跨学科博士生培养的交叉研究团队时，应适当考虑跨学科研究的特点以及跨学科研究团队的规模。

7 跨学科博士生培养质量的提升

跨学科培养博士生已经成为当今博士生培养的一个重要方向，是对当前学科交叉发展趋势以及未来倾向合作的研究和工作情境的重要回应。一批全球顶尖大学积极开展了跨学科博士生的培养，为在传统的以学科组织为特点的大学中寻找适合的跨学科博士生培养模式而努力。这一过程中面临最重要的问题是：应当如何评价和保障跨学科博士生的培养质量？如何发现问题并进一步改进？本章将结合我国高校在开展跨学科博士生培养实践中存在的问题，尝试分析原因、提出对策。

7.1 跨学科博士生培养存在的问题

以我国高校开展跨学科博士生的培养实践为分析对象，并结合上一章的案例研究，发现跨学科博士生培养在以下方面存在问题：跨学科研究项目并不完全涉及跨学科有效的整合；有效的跨学科博士生培养体系仍未建立；跨学科博士生培养的学术支持有所欠缺。

7.1.1 跨学科研究项目并不完全涉及跨学科有效的整合

跨学科研究项目是跨学科博士生培养开展的重要科研平台和基础，跨学科研究项目本身的特点对跨学科博士生的培养有至关重要的影响。以医学领域跨学科研究项目为例，医学跨学科研究项目虽然涉及了生命科学、化学、医学等多个领域，但各领域之间的关系呈现出模块化的研究特点，即该跨学科研究项目能被分解成几个研究模块，这几个研究模块共同构成整个研究流程，每一个学科负责其中的一个研究模块，各研究模块之间并不涉及跨学科的整合，这就类似于生产线上的各个步骤一样，各自完成各自的任务。还有的跨学科研究项目表现出语境式多学科研究的特点，所研究的问题是在多学科的背景中产生的，同样不涉及实际的跨学科整合。各国经验显示，跨学科博士生的培养常常是在参与跨学科研究项目中进行的，跨学科整合的研究体验则是培养的关键，这就需要跨学科研究项目的完成需要各学科之间有效的整合，一个合适的跨学科研究问题是跨学科博士生培养开展的前提。

7.1.2　有效的跨学科博士生培养体系仍未建立

部分高校虽然专门制订了跨学科博士生培养计划，但有效的跨学科博士生培养体系仍未形成。这首先表现在一些高校为跨学科博士生提供的跨学科课程数量少且课程的有用性有待提高。课程质量在跨学科博士生培养的过程质量中所占权重最大，这反映了课程在跨学科博士生培养中的重要性。由于跨学科研究的开展需要了解和掌握相关学科的知识，而相关课程提供的学习更具有系统性，因此跨学科课程仍然是跨学科知识获得的最重要途径之一。跨学科博士生需要学习更多的课程，并且课程计划应根据所研究问题的需要随时调整以获取相关的知识，课程数量和课程计划的灵活性有待提高。其次，整体看来，跨学科博士生的导师对跨学科博士生的指导投入偏少、频率偏低。跨学科博士生相较普通博士生而言需要得到导师和导师组更多的指导和帮助，而跨学科博士生的招生通常不占用导师的招生名额，跨学科博士生导师指导的普通博士生和跨学科博士生偏多，使得跨学科博士生导师人均时间投入少、指导频率偏低。再次，在跨学科博士生科研训练方面，跨学科博士生所参与课题与跨学科研究项目之间关系并不紧密，跨学科博士生缺乏独立负责子课题的经历，同时，为跨学科博士生提供参加跨学科研究的国际会议与学术报告的机会还有待加强。最后，就一些高校开展跨学科博士生培养的实际情况来看，跨学科博士生的学位论文与跨学科研究项目之间关系并不密切，学位论文相关环节，尤其是开题和中期报告环节并未得到严格执行。

一套有效的跨学科博士生培养体系，其培养的各个环节都带有促进跨学科博士生学习的特色、都指向跨学科博士生培养的最终目标。但从现行的跨学科博士生培养体系来看，与单一学科博士生的培养并无明显差别。部分高校呈现出这样一种状况：除在导师指导中加入了导师组指导外，其余培养的各个环节基本与单一学科博士生培养相同。而开展跨学科博士生培养的导师虽然也提出了应该形成适合跨学科博士生特点的培养体系，但对跨学科博士生培养体系应该包括哪些要素、这些要素具体要发挥哪些作用等并没有形成完整清晰的观念。

7.1.3　跨学科博士生培养的学术支持有所欠缺

跨学科博士生的培养需要学校协调各方学科组织进一步整合资源，为跨学科博士生的培养提供学术支持。部分高校的跨学科博士生培养仍然存在实践与理论的严重脱节，使很多的跨学科博士生培养项目停留在计划里，而没有取得实际的成效，甚至出现了导师通过跨学科博士生招生而获取更多招生名额的情况。首先，在高校层面缺乏支持跨学科博士生培养的政策，相关资源的整合必然涉及协调各院系的利益，只有从学校层面出台相关政策作为为跨学科博士生培养提供学术支持的依据，资源的整合才有可能实现。其次，学术支持质量所包含的资源提供、对跨学科博士生的激励、交流机会及经费资助四个方面也存在一些问题。在资源提供方面，研究资源的共享渠道仍然不畅通，部分高校并不重视也没有为跨学科博士生提供日常交流的场所。在对跨学科博士生的激励方面，对跨学科博士生身份的认可不足，跨学科博士生常常游离于院系框架之外，对其身份的认可也是对跨学科博士生的激励，另外，已施行的相关政策的激励作用也十分有限。在交流机会的提供方面，部分大学提供的与其他研究机构或产业界合作的机会偏少，而采用的诸如轮流举办讲座的方式促进交流的作用不明显。此外，团队内部跨学科博士生之间的交流也偏少，交流渠道不畅通。在经费资助方面，经费资助的灵活性有待加强，需要进一步优化经费资助的方式。

7.2　跨学科博士生培养存在问题的原因分析

面对以上在跨学科博士生培养中出现的种种问题，需要进一步挖掘其背后的深层原因，研究发现：缺乏清晰的跨学科博士生培养理念、高校对跨学科博士生培养重视不足、跨学科博士生培养所需的相关资源仍然受到学科体制的限制是当前我国跨学科博士生培养所面临的挑战。

7.2.1　缺乏清晰的跨学科博士生培养理念

以上对跨学科博士生培养存在问题的分析显示：大学管理层仍然没有形成清晰的跨学科博士生培养理念，对于什么是跨学科博士生、跨学科博士生的培养目标是什么、他与单一学科博士生培养到底有什么区别等一系列问题都没有形成清晰的认识。相关的管理人员仍然将科研能力作为跨学科博士生培养的唯一目标。

一些大学借鉴了西方培养跨学科博士生的经验，通过建立创新研究院开展跨学科博士生的培养。采用的运作方式为：由各院系的老师依托跨学科研究的科研项目自愿组成跨学科交叉研究团队，向创新研究院提出开展跨学科博士生培养计划的申请，由创新研究院择优资助，以 4 年为一个资助周期，并在聘期结束时对各交叉团队的相关成果予以考核。聘期的考核内容主要包括聘期内发表论文情况、科研项目及其经费、获奖状况和科技成果转化。对于跨学科博士生培养的要求主要表现在跨学科博士生的毕业条件更高，如有高校提出跨学科博士生的毕业要求是发表一篇 A 类文章，相对于普通的单一学科博士生，毕业条件更加苛刻，以至于跨学科博士生都认为自己与普通博士生的区别就在于毕业条件或要求高一些。可以看出，创新研究院和大学相关管理部门对跨学科博士生及其培养的基本理念就体现在科研上，即跨学科博士生区别于单一学科博士的特点就在于跨学科博士生的科研能力更强，无论是对跨学科博士生的评价以论文论英雄，还是对各交叉团队科研实力的极端看重，都形象地说明了这一点。除科研能力强、学术成果多之外，学校相关管理部门对于跨学科博士生在知识和能力的培养上到底有哪些特点、具体的培养目标是什么都缺乏深层次的思考。

7.2.2　高校对跨学科博士生培养的重视不足

高校对跨学科博士生培养的重视是相关部门整合各优势学科资源、帮助组建优秀的跨学科研究团队，为跨学科博士生的学习提供必要支持的重要前提。某些学校虽然成立了相关的管理机构，但其日常工作并不涉及跨学科博士生的培养过程，同时也缺乏跨学科博士生培养的指导性文件，而是认为跨学科博士生培养是各交叉团队内部的事，这其中也包括了交叉团队内部的各院系研究资源的协调和共享。管理部门的任务主要是提供资金以及对各交叉团队定期考核，考核的内容也几乎没有涉及跨学科博士生的培养过程。不仅如此，在尝试跨学科博士生培养之初定期举行的交叉团队轮流讲座也因为一些原因没有继续举办，承诺的一些硬件上的环境支持最终也没能实现，究其原因，高校对跨学科博士生培养重视不够而没能打破各院系割立的局面是其中最重要的因素之一。相关部门对跨学科博士生培养的重视不足，在一定程度上使得各交叉团队也不重视跨学科博士生的培养，进一步导致跨学科博士生培养有名无实。

7.2.3　学科体制的壁垒仍然无法打破

跨学科博士生培养仍然面临组织障碍，学科体制的壁垒仍然无法打破。不同学科的确立不仅标识了不同的知识体系，还在学术组织的划分中起着十分重要的作用。大学中的院系便是典型的学科组织，拥有相同知识背景的研究人员在学科组织中开展工作，"他们有自己的活动范围，有为数不少的成员会誓死保卫他们的领地"①，这也是单一学科博士生培养目标在于培养本门学科守门人的深层原因。组织形态上的学科拥有区别于其他学科的特殊使命、学科研究范式以及学科研究的物质资料和研究资源，学科组织内部的成员对于本学科研究的物质资料和研究资源有毫无争议的使用权。另外，除大学的教学、研究活动主要在学科组织内部进行，其管理体制也基本遵循学科组织这一主线。

跨学科研究是跨学科博士生培养的主要形式，这必然需要协调各学科的研究资源、物质资料，也就需要克服学科组织的管理体制。各研究型大学在开展跨学科博士生培养中也意识到了这一问题。一些大学在学校层面设立跨学科博士生培养的管理机构，也是希望运用学校的力量为跨学科博士生培养集结各方资源，为其提供组织保障。以虚拟的跨学科研究团队作为跨学科博士生培养的组织在一定程度上确实起到了协调学科资源的作用，但学科资源的共享仍然主要依赖于跨学科团队内部导师之间的合作，目前看来，跨学科博士生所参与的跨学科研究大多属于模块化分工，而对跨学科博士生的培养所需要的资源的整合尚无能为力。

7.3　提高跨学科博士生培养质量的对策

找到了问题症结的所在，就需要对症下药。本书试图从理念上、培养体系的建立上以及克服组织障碍方面寻找相应对策，以应对当前跨学科博士生培养面临的挑战。

7.3.1　形成清晰的跨学科博士生培养理念

跨学科博士生培养是一种全新的不同于单一学科博士生培养的教育理念。如何形成自上而下的清晰的跨学科博士生培养理念，本书认为可以借鉴英国的

---

① 沃勒斯坦. 知识的不确定性 [M]. 王昺，译. 济南：山东大学出版社，2006：109.

做法。英国的高等教育管理模式属于合作伙伴模式，即政府与大学、社会在高等教育发展过程中实行权力共享。为进一步保证高等教育质量，英国成立了高等教育质量保障署（QAA），QAA主要通过建立高等教育质量标准来维护公共利益，并重新审核标准及质量以达到高等教育质量的持续改进。这有助于在政府的适度干预与学校的学术权力之间找到一个平衡。我国大学的跨学科博士生培养管理部门也可以出台有关跨学科博士生培养质量标准的纲领性文件，再由各交叉团队根据该质量标准结合不同领域跨学科博士生培养的特点制定跨学科博士生的培养目标和培养方案并上报学校，学校相关管理部门对其进行审核。

第一，学校层面要形成清晰的有明确指向的跨学科博士生培养理念，其关键在于对跨学科博士生培养目标的认识。本书所研究建立的跨学科博士生培养质量评价指标体系对跨学科博士生培养目标进行了知识和能力上的分解，包括跨学科知识掌握、跨学科创新能力、独立的跨学科研究能力、领导力和团队协作能力，为学校层面出台跨学科博士生培养质量标准提供了一个思路。

第二，跨学科博士生的培养具体在各跨学科培养项目中进行，而不同领域跨学科博士生培养具有不同的特点。这就需要各跨学科培养项目以学校的跨学科博士培养质量标准为依据，并结合所在领域跨学科研究的特点和跨学科博士生培养的特点，制定出详细的跨学科博士生培养质量标准，同时通过及时的上传下达，使跨学科博士生自进校之时就对自己要达到一个怎样的目标有清晰的认识。

7.3.2 建立完整有效的跨学科博士生培养体系

建立完整有效的跨学科博士生培养体系是开展跨学科博士生培养的重要保证。纵观西方大学开展得较为成功的跨学科博士生培养项目，其培养体系大都包含了跨学科课程修习、科研及相关能力训练、学位论文指导等环节。

7.3.2.1 课程修习

课程是跨学科博士生培养体系中的一个十分重要的因素，从课程量、课程内容到授课方式、选课指导无不体现出跨学科博士生培养的特点。总体看来，西方顶尖大学都十分重视跨学科博士生的课程修习，对跨学科课程量、课程内容以及授课形式都进行了明确的规定。如斯坦福大学现代思想与文学项目要求跨学科博士生完成至少18门课程，其中至少8门课程属于人文领域，8门课程属于相关的跨学科领域，同时还对课程的授课方式如研讨性课程和实质性课程的比例做了规定。同时该培养项目也成立了导师指导小组负责跨学科博士生的选课指导。

7.3.2.2 科研及相关能力训练

科研训练也是跨学科博士生培养的一个重要环节。一般而言，各领域跨学科研究的特点决定了对跨学科博士生进行科研训练的具体方式。如人文社科领域跨学科博士生的科研训练注重个人阅读，从而相应地要求跨学科博士生掌握1~2门外语，同时以交流学习的方式到相关的跨学科研究机构进行学习。而工程领域跨学科博士生培养和医学领域跨学科博士生培养的科研训练则主要在跨学科实验室中进行，在相关学科实验室进行轮训、共同完成一个跨学科研究任务、公司实习是主要的科研训练方式。此外，跨学科博士生培养还相当重视一些相关能力的训练，如为跨学科博士生提供交流的机会锻炼沟通能力和表达能力，通过小组协作的方式培养其团队协作的能力等。

7.3.2.3 学位论文指导

跨学科博士生学位论文通常与跨学科博士生培养项目有密切关系，从学位论文的开题、中期报告、定期举行的论文研讨会到最后的答辩，都十分注意发挥导师组的指导作用，尤其是定期举行的论文研讨会的方式值得借鉴。学位论文开题后，导师组基本会半个月定期碰头一次，对跨学科博士生的学位论文协作进行指导。具体方式为：由跨学科博士生对学位论文的研究进行汇报，导师组对论文研究思路的可行性、研究进程进行把握，并给出指导建议。

7.3.3 高度重视跨学科博士生的培养，集结各方资源为其提供支持

跨学科博士生的培养需要很多资源的支持，这些资源的获得和共享有时并不是靠交叉团队的力量就能够解决的，还常常需要相关管理层高度重视跨学科博士生的培养，从学校的角度协调各方利益为其配置相关的资源。如跨学科博士生培养通常集中于几个常发生学科交叉的研究领域，如工程领域、医学领域以及自然科学领域，跨学科实验室常成为这些类别跨学科博士生培养的主要阵地。这就需要大学从学校层面入手动用学校力量打破学科组织的壁垒，协调各方利益、集结各方资源，为跨学科博士生的培养创造条件。

各高校可以从以下两方面为跨学科博士生提供学术支持。第一，各高校依据自身的学科优势组建跨学科研究中心，以成立跨学科研究中心的方式集结资源，包括跨学科研究中心的场所和开展研究所必需的物质条件，所成立的跨学科研究中心与院系平级，承担跨学科研究和跨学科博士生培养的工作。这是跨学科博士生培养获得相关学术支持最理想的方式。第二，学校出台各相关方支持跨学科博士生培养的政策。跨学科博士生的培养所涉及的物质资源通过与相关学科的院系共享而获得。共享资源要协调各相关方的利益，需要以学校政策

为依据，相关院系设置负责跨学科博士生培养资源协调的专门岗位，依托跨学科研究团队导师间的联系，共同为跨学科博士生的培养创造条件。

7.3.4 搭建跨学科学术交流的平台

研究表明，跨学科学术交流是跨学科博士生进行跨学科学习的重要方式之一。培养机构应该为跨学科博士生提供跨学科学术交流的机会，搭建跨学科学术交流的平台。第一，培养机构可开展定期的学术交流和学术报告活动。跨学科学习和研究的关键在于思维方式的突破，而思维方式的碰撞与突破只有在融洽的交流中产生。跨学科博士生通过系统的课程学习对相关学科的知识和思维方式有一定掌握之后，为他们提供定期开展学术交流和学术报告活动的机会，通过与不同学科背景的研究者交流，形成思维碰撞，有利于活跃思维、为跨学科整合和创新创造条件。定期的学术报告也是重要的学术交流方式，鼓励跨学科博士生轮流进行学术报告，不仅能锻炼跨学科博士生的表达沟通能力，也能吸引志同道合的跨学科研究者共同讨论和研究跨学科问题。第二，建立开放的跨学科博士生培养平台，与相关研究方向的其他跨学科研究中心建立联系。建立开放的跨学科博士生培养平台，一方面可以通过提供资助、提供实验设备和相关资源等方式吸引其他跨学科研究人员前来交流学习，为本校的跨学科博士生学术交流创造条件；另一方面，还可以扩大本校相关跨学科研究的影响力，能在更大的范围内吸引有志于从事跨学科研究的学生前来报考，提高跨学科博士生的生源质量。此外，跨学科博士生培养机构在为跨学科博士生创造与本校的其他跨学科研究人员进行学术交流的机会的同时，还要与其他相关的跨学科研究机构建立联系，为跨学科博士生提供"走出去"的交流学习机会，丰富的跨学科学习和研究经历对跨学科博士生的成长有正向影响。第三，针对工程领域、医学领域等实践性较强领域的跨学科博士生培养，为其提供到国家实验室、大型企业实习的机会。如前所述，工程领域跨学科研究十分注重基础知识与应用的整合，医学领域的跨学科研究侧重基于实验的验证的整合，关注实践的整合使得该领域跨学科博士生的培养也与"应用"密切相关，而到大型企业和国家实验室实习，无疑为跨学科博士生提供了参与"应用"的机会，使跨学科博士生亲身体验从研究到实验，再到"产品"形成的全过程。

7.3.5 构建跨学科博士生培养的质量保障机制

质量是跨学科博士生培养的生命线。构建跨学科博士生培养的质量保障机制是提升跨学科博士生培养质量的重要途径。跨学科博士生培养质量保障机制包括开展定期的质量评价、建立相应的激励机制和完善跨学科博士生退出机制三个方面的内容。

第一，培养机构开展定期的跨学科博士生培养质量评价。评价已经成为管理的重要手段，质量评价可以帮助培养机构了解跨学科博士生培养的效果，找出培养中存在的问题，并为质量的进一步改进指明方向。培养机构首先要形成定期对跨学科博士生培养质量进行评价的制度，同时注意采用多种方式评价跨学科博士生培养质量，如 MIT（麻省理工学院）对跨学科博士生质量的监控主要采取自评和他评相结合的方式。同时，可以将评价所涉及的各项内容发放给各跨学科博士生，跨学科博士生可以以此为目标，自觉地管理跨学科学习。

第二，建立相应的激励机制。一方面，跨学科博士生的培养常在院系之外进行，其跨学科博士生的身份需要得到认可；另一方面，跨学科博士生导师也来自各院系，他们在兼顾院系的教学科研任务的同时，还需胜任跨学科博士生的培养任务。因此，培养机构应同时建立跨学科博士生的激励机制和跨学科博士生导师的激励机制。对跨学科博士生的激励，可以通过设立跨学科博士生研究基金、对跨学科博士生开展跨学科研究给予资助，并对优秀的跨学科博士生进行奖励等方式进行。对跨学科博士生导师的激励，可以采用为跨学科博士生导师颁发聘用书、设置跨学科博士生导师岗位津贴、划拨跨学科博士生培养经费、为跨学科博士生导师进行跨学科研究提供资助等方式进行。

第三，建立和完善跨学科博士生的退出机制。跨学科博士生的培养常常指向那些最顶尖的博士生。建立和完善跨学科博士生的退出机制，是跨学科博士生培养质量保障的重要防线。培养机构要对跨学科博士生培养的各个环节严格把关，由跨学科博士生导师组定期对跨学科博士生进行考核，对于考核不合格的跨学科博士生应及时转为普通博士生。

8 结语

　　跨学科研究不仅为科技发展注入了新的活力，随着人类社会所面临的许多重大经济社会问题日趋复杂，这些问题的成功解决更加依赖于不同学科领域研究者们的共同合作。正是基于这一事实，许多世界一流大学都依托跨学科研究平台积极尝试培养跨学科高质量人才，而跨学科博士生培养是其中最重要的内容。为顺应这一趋势，我国一些研究性大学也纷纷开展跨学科博士生的培养，探索有效的跨学科博士生培养模式。然而，什么样的跨学科博士生培养模式是成功的？又应当如何评价和保障跨学科博士生的培养质量？在此背景下，对跨学科博士生培养质量评价指标体系展开研究具有十分重要的价值和意义。

　　质量评价反映的是客体满足主体需求的程度，对质量进行评价的过程实际上就是主体对客体进行价值判断的过程，因此质量评价不可避免地受到价值的影响，表现为以一定的价值取向为指导。对跨学科博士生培养质量评价开展研究，先要确定适合的价值观，为此，本书对在历史进程中出现的有影响的博士生培养质量观进行梳理，依据博士生培养质量评价标准的不同，将博士生教育发展至今涌现的质量观归纳为基于知识贡献的博士生培养质量观、基于学术训练的博士生培养质量观、基于社会化理论的博士生培养质量观、基于效益的博士生培养质量观、基于改善学习的博士生培养质量观和基于利益相关者理论的博士生培养质量观。同时，与各国的博士生培养质量评价实践结合起来考察，发现质量观的选择与不同的评价主体和不同的评价目标相联系。这说明跨学科博士生培养质量评价的价值观选择需要思考评价的目标是什么？评价主体是谁？评价主体有什么样的期望与需求？

　　跨学科博士生培养是博士生培养中特殊的一类，那么，不同类别的博士生培养其质量评价是否也有不同的侧重呢？本书对不同学科门类的博士生培养质量评价以及科学博士与专业博士的培养质量评价进行研究发现，不同类别的博士生培养质量评价呈现出学科差异和培养目标差异，因此，跨学科博士生培养质量评价需要与其特殊的培养目标相联系，同时还要考虑不同领域的跨学科博士生培养所存在的学科差异。

通过以上思考，本书确定了跨学科博士生培养质量评价的主体是大学，大学存在两方面的需求：一方面期望所培养的跨学科博士生具备超过单一学科博士生的更优的学术能力；另一方面则需要对国家和社会对跨学科博士生的期望做出回应。因此，跨学科博士生培养质量评价的价值取向既要考虑跨学科博士生培养的学术性特征，又要考虑跨学科博士生的职业准备。学术与职业准备并重构成了跨学科博士生培养质量评价的价值取向。

要完成跨学科博士生培养质量评价指标体系的构建，还要遵循指标体系构建的规律，包括指标体系的含义、结构和构建原则。跨学科博士生培养质量评价指标体系是依据跨学科博士生培养质量评价的学术性目标和职业性目标，把能够反映跨学科博士生培养质量各个方面的若干指标加以分类组合所形成的指标体系。从形式上看，指标体系一般包括一级指标、二级指标、三级指标三个层级，从内容上看可以分为目标指标、过程指标和条件指标，分别反映目标达成、过程质量和条件保障。该指标体系的构建除遵循科学性原则、完备性原则、可行性原则和简约性原则等一般原则外，还要遵循跨学科博士生培养质量评价的特殊性，同时反映内部统一的培养愿景与评价标准。第四代评价理论主张的基于价值协商的响应式建构主义评价，与这一特殊原则不谋而合。为此，本书以第四代评价理论为基础，发展出基于第四代评价理论的跨学科博士生培养质量评价二次建构模式，即跨学科博士生培养质量评价指标体系的构建通过二次建构完成。

第一步，以对跨学科博士生培养的特殊性、不同领域跨学科博士生培养的学科差异和跨学科博士生培养质量影响因素的理论分析为依据，完成跨学科博士生培养质量评价指标体系的初次建构。研究表明，跨学科博士具有"T"形知识结构、跨学科研究能力、跨学科创新能力、解决问题的能力、领导力和超学科道德，在其培养过程中需要设置与研究方向相适应的课程计划，并采取多样的科研训练方式，同时配合导师组的集体指导。不同领域的跨学科博士生培养呈现出学科差异。人文社科领域跨学科博士生的培养偏重写作能力和教学能力，课程修习占培养体系的比重大，导师指导频率偏低，注重个人学习和与其他机构的交流；工程领域跨学科博士生的培养更加突出团队协作能力和表达沟通能力，课程固定、课程量适中，导师指导频率较高，注重团队学习和跨学科实习；医学领域跨学科博士生的培养关注表达沟通能力，对团队协作能力的要求次之，课程体系十分灵活，导师指导频率高，注重实验室轮转、定期的实验室报告和非正式的研讨会交流。跨学科博士生培养质量的影响因素包括跨学科博士生培养的机构与管理、对跨学科博士生的资助、正式或非正式的学术交流以及导师指导等方面的因素。依据理论分析的结论，完成指标体系的初次建构。

第二步，以第四代评价理论为指导，识别出跨学科博士生、跨学科博士生导师和跨学科博士生培养管理人员三类利益相关群体，分别发展出这三类群体对跨学科博士生培养质量评价的建构，再通过价值协商的方式达成相对一致的跨学科博士生培养质量评价指标体系，这是该指标体系的再建构。需要说明的是，初次建构的指标体系并非先验的建构，而是与调查中所搜集到的其他信息一样，以质疑的方式展现给跨学科博士生培养质量评价的三类利益相关者。在调研过程中，笔者对开展跨学科博士生培养相关活动的记录、各交叉团队跨学科博士生培养方案等信息进行了收集，同时，调研小组成员不定期碰头，及时反馈被访谈者对于跨学科博士生培养质量评价的建构，并邀请研究跨学科博士生培养质量的专家参与讨论，提出了很多调查时所掌握的被访谈者默会信息的宝贵建议。在对下一个访谈者进行访谈时，向其描述之前访谈者的建构，并引入初次建构的指标体系中的各项指标，让其做出评价，提出自己的看法。整个调研以信息饱和为标准建立了各群体内部的评价体系，最后通过谈判，进一步听取各方意见，形成了比较一致的跨学科博士生培养质量评价指标体系。可以看出，整个评价过程的开展也是不断验证和修正评价指标体系的过程，每一个评价指标都来自各利益相关群体，或者是经各利益相关群体同意的，是可信的和有效的。按照第四代评价理论的基本思想，本书认为整个评价过程基本达到了第四代评价的要求，评价过程本身就保证了该评价体系的可信性和有效性。

本书以 H 大学为例，运用该指标体系对 H 大学跨学科博士生培养质量进行评价。结果显示，H 大学跨学科博士生培养质量整体情况良好，学术成果最优，结果质量自评良好，而过程质量和学术支持质量相对较弱。将 H 大学跨学科博士生培养的情况与我国其他高校开展跨学科博士生培养的实践结合起来，发现跨学科博士生培养还存在以下问题：跨学科研究项目并不完全涉及跨学科有效的整合、有效的跨学科博士生培养体系仍未建立、跨学科博士生培养的学术支持有所欠缺。这可能是培养单位缺乏清晰的跨学科博士生培养理念、对跨学科博士生培养重视不足、跨学科博士生培养所需的相关资源仍然受到学科体制的限制导致的。为此，培养机构需要形成清晰的跨学科博士生培养理念、建立完整有效的跨学科博士生培养体系、高度重视跨学科博士生的培养并为其集结各方资源提供支持、搭建跨学科学术交流平台、构建跨学科博士生培养的质量保障机制，才能进一步提高跨学科博士生培养质量。

通过对跨学科博士生培养质量评价指标体系的应用，本书认为该指标体系在以下两方面可以做进一步的修改和完善：跨学科学习方式是反映跨学科博士生培养的重要指标，可以将科研训练指标、交流机会指标中的单项指标进行适当调整，增加跨学科学习方式的一、二级指标；课程修习指标中的观测指标可以更加详细和具体，应该反映和体现跨学科整合的特点。

由于研究时间、经费以及本人研究能力有限，本书还存在一些不足之处。诚如前文讨论的那样，跨学科博士生培养质量评价在考虑跨学科博士生本身特点的同时还需考虑学科类别差异，即不同领域跨学科博士生的培养各有侧重。本书主要考虑了跨学科博士生及其培养的特点，而对跨学科博士生培养的学科类别差异考虑不足，只是区分了医学领域跨学科、理工领域跨学科、人文社科领域跨学科的不同整合方式，而不同领域跨学科博士生培养质量在培养过程和学术支持方面的差异在指标体系中并未得到体现。这是本书的访谈规模偏小、所访谈的来自不同领域的利益相关者分布不均所致，很难对不同领域的跨学科博士生培养质量评价分别进行建构，如访谈到的来自人文社科交叉领域的跨学科博士生和跨学科博士生导师较少而无法探寻该学科利益相关群体的建构。进一步探寻不同学科领域跨学科博士生培养质量评价指标体系，是今后需要解决的问题。

参考文献

《中国学位与研究生教育发展战略报告》编写组, 2002. 中国学位与研究生教育发展战略报告 [J]. 学位与研究生教育 (6): 1-21.

奥弗曼, 1990. 当代社会科学的特性: 两种不同的观点 [J]. 李琥, 译. 国外社会科学 (1): 3-8.

白峰, 马龙, 赵凯, 2010. 跨学科的地学专业研究生的培养质量研究 [J]. 中国地质教育 (4): 70-73.

波利格, 纽斯万德, 2009. 运用 "概念图" 评价工科学生的跨学科知识集成: 以 "绿色工程" 课程的跟踪研究为案例 [J]. 清华大学教育研究, 30 (2): 19-27.

蔡兵, 马跃, 雷斌, 等, 2007. 交叉学科研究成果的评价标准、指标体系和评价方法研究 [J]. 西安交通大学学报 (社会科学版), 27 (5): 39-44, 48.

曾智洪, 彭静, 2005. 中美研究生教育课程设置比较研究 [J]. 中国研究生 (4): 42-44.

陈艾华, 2011. 研究型大学跨学科科研生产力研究 [D]. 杭州: 浙江大学.

陈建平, 2008. 制约我国博士生培养质量的若干制度因素分析 [J]. 高等理科教育 (5): 53-56.

陈媚, 2009. 北京地区跨学科体育硕士研究生培养现状调查 [D]. 北京: 首都体育学院.

陈珊, 王建梁, 2006. 导师指导频率对博士生培养质量的影响: 基于博士生视角的分析和探讨 [J]. 清华大学教育研究 (3): 61-65.

陈钟颀, 2008. 控制规模 改革机制: 提高博士生培养质量的途径 [J]. 学位与研究生教育 (5): 9-12.

程如烟, 2005. 美国国家科学院协会报告《促进跨学科研究》述评 [J]. 中国软科学 (10): 159-161.

促进跨学科研究委员会，2007. 促进跨学科研究 [J]. 国外社会科学 (6)：101-103.

丁学芳，2009. 跨学科研究生的学科文化融入及培养探讨 [J]. 学位与研究生教育 (9)：20-25.

多冈，帕尔，2000. 社会科学中的杂交领域：社会科学与公共政策 [M]. 黄育馥，译. 北京：社会科学文献出版社.

樊春良，2005. 美国国家科学基金对学科交叉研究的资助及其启示 [J]. 中国科学基金 (2)：122-124.

费耶阿本德，1992. 反对方法 [M]. 周昌忠，译. 上海：上海译文出版社.

符娟明，迟恩莲，1992. 国外研究生教育研究 [M]. 北京：人民教育出版社.

付瑶瑶，2005. 从斯坦福大学看美国研究性大学中独立科研机构的发展 [J]. 清华大学教育研究 (3)：16-22.

高虹，孙炘，刘颖，等，2002. 对交叉学科研究生培养的思考 [J]. 学位与研究生教育 (4)：12-15.

古贝，林肯，2008. 第四代评估 [M]. 秦霖，蒋燕玲，译. 北京：中国人民大学出版社.

谷志远，2011. 美国博士生培养质量影响因素的实证研究：基于美国 ARDP 调查数据的分析 [J]. 教育科学 (3)：80-86.

官建成，2006. 关于提高我国经济管理类博士生培养质量的思考 [J]. 学位与研究生教育 (4)：38-41.

管晓霞，2011. 我国高校多学科交叉项目组织与管理方法研究 [D]. 武汉：华中科技大学.

郭建如，2009. 我国高校博士教育扩散、博士质量分布与质量保障：制度主义视角 [J]. 北京大学教育评论 (2)：21-46，189.

郭中华，黄召，邹晓东，2008. 高校跨学科组织实施中存在的问题及对策 [J]. 科技进步与对策 (1)：183-186.

韩孟青，2010. 高校研究生教育内部质量保障体系研究 [D]. 北京：北京工业大学.

何刚，陈孝杨，2005. 对交叉学科研究生培养的认识与思考 [J]. 学位与研究生教育 (12)：20-23.

何明娥，刘运成，关勋强，1998. 博士学位论文质量评价指标体系的建立与实测研究 [J]. 第一军医大学学报 (4)：265-266.

何跃，张伟，郑毅，2011. 研究生跨学科培养模式探索 [J]. 国家教育行政学院学报 (7)：31-34.

胡甲刚, 2009. 美国跨学科研究生培养管窥: 以华盛顿大学"城市生态学" IGERT 博士项目为个案 [J]. 学位与研究生教育 (10): 71-75.

华勒斯坦, 1997. 开放社会科学 [M]. 北京: 生活·读书·新知三联书店.

黄美娇, 韩映雄, 2011. 博士研究生培养质量的学科差异分析: 基于学生满意度的问卷调查研究 [J]. 高教发展与评估 (1): 67-72.

纪军, 倪承普, 罗秋敏, 等, 2007. 跨学科研究生培养质量体系的构建 [J]. 航海教育研究 (2): 93-95.

贾川, 2008. 我国高校跨学科研究生培养机制研究 [D]. 长沙: 国防科技大学.

江珂珂, 2010. 学科综合化背景下理工类研究生培养质量提升的策略研究 [D]. 广州: 华南理工大学.

金晶, 2009. 跨学科领域自然科学学术论文评价方法可行性研究 [D]. 北京: 中国医科大学.

坎迪多门德斯, 2000. 对全球性的探索: 社会科学与自然科学中的跨学科研究 [M]. 北京: 社会科学文献出版社.

克拉克, 2001. 研究生教育的科学研究基础 [M]. 王承绪, 译. 杭州: 浙江教育出版社.

克拉克, 2001. 高等教育系统: 学术组织的跨国研究 [M]. 王承绪, 译. 杭州: 浙江大学出版社.

课题组, 2006. 中国学位与研究生教育发展报告: 1978—2003 [M]. 北京: 高等教育出版社.

拉兹洛, 1985. 用系统论的观点看世界 [M]. 闵家胤, 译. 北京: 中国社会科学出版社.

李青侠, 吕一波, 2009. 提高跨学科研究生培养质量的探讨 [J]. 管理观察 (3): 118-119.

李征航, 毛旭东, 刘万科, 等, 2006. 博士学位论文质量评价指标体系的研究 [J]. 湖北经济学院学报 (人文社会科学版) (7): 179-180, 42.

李浩, 李金林, 2011. 我国机械学科博士生培养质量提升对策研究 [J]. 研究生教育研究 (1): 48-51.

李平, 王玲, 2008. 美国研究生跨学科培养模式的本质特征探析: 基于后现代哲学思想的解读 [J]. 学位与研究生教育 (2): 71-76.

李文鑫, 2004. 跨学科人才培养的理论研究 [M]. 武汉: 武汉大学出版社.

李小青, 2007. 博士生培养质量影响因素剖析 [J]. 学位与研究生教育 (12): 27-30.

联合国教科文组织, 2004. 社会科学和人文科学研究的主要趋势（社会科学卷）[M]. 上海：上海人民出版社.

梁传杰, 杨怿, 2008. 论博士生培养质量保证体系的构建 [J]. 设计艺术, 27（4）：62-64.

廖湘阳, 吴志信, 仇罗生, 1996. 论跨学科科研与研究生教育 [J]. 湘潭大学学报（哲学社会科学版）（6）：114-117.

林木西, 张今声, 马树才, 2007. 坚持教育创新、努力提高国民经济学专业博士生培养质量 [J]. 学位与研究生教育（5）：52-56.

刘桔, 林梦泉, 侯富民, 等, 2000. 从首届全国优秀博士学位论文评选看我国博士学位论文质量 [J]. 学位与研究生教育（2）：28-32.

刘峻杉, 2012. 教育学领域跨学科研究生培养的特征、挑战和对策 [J]. 学位与研究生教育（6）：18-23.

刘良娟, 2009. 我国研究生跨学科培养模式研究 [D]. 重庆：重庆师范大学.

刘霓, 2008. 跨学科研究的发展与实践 [J]. 国外社会科学（1）：46-55.

刘平, 吴旭舟, 2011. 研究生培养质量评价指标体系的构建 [J]. 中国高等教育评估（5）：60-64.

刘学毅, 2007. 德尔菲法在交叉学科研究评价中的运用 [J]. 西南交通大学学报（社会科学版）（2）：21-25.

刘仲林, 1998. 现代交叉科学 [M]. 杭州：浙江教育出版社.

刘仲林, 张淑林, 2003. 中外"跨学科学"研究进展评析 [J]. 科学学与科学技术管理, 24（9）：5-8.

鲁兴启, 2002. 跨学科研究成果评价中的问题及其分析 [J]. 科技导报, 20（4）：26-28.

罗卫东, 2007. 跨学科社会科学研究：理论创新的新路径 [J]. 浙江社会科学（2）：35-41.

马林诺夫斯基, 1987. 文化论 [M]. 费孝通, 译. 北京：中国民间文艺出版社.

莫甲凤, 2009. 影响博士生培养质量的关键因素：基于 U/H 大学的个案分析 [D]. 武汉：华中科技大学.

潘艺林, 何仁龙, 马桂敏, 等, 2004. 导师的指导对博士生培养质量的影响：对部分师生的问卷调查与文献比较 [J]. 教育与现代化（2）：20-25, 60.

彭安臣, 沈红, 2012. 博士生资助与博士生培养质量：基于 12 所大学问卷调查数据的实证分析 [J]. 学位与研究生教育（7）：53-60.

沈文钦, 2009. 博士培养质量评价：概念、方法与视角 [J]. 北京大学教育评论

(4)：47-59，189.

沈华，2009.博士培养质量的模糊综合评价［J］.北京大学教育评论（2）：67-74，190.

沈通，2005.我国博士生培养质量提升的关键点控制研究［D］.杭州：浙江大学.

盛明科，唐检云，2007.研究生教育质量评价指标体系设计的框架［J］.学位与研究生教育（7）：13-18.

石磊，2010.研究生教育质量评价与质量保障体系研究［D］.合肥：中国科学技术大学.

史苗，2011.研究型大学交叉学科博士生培养研究［D］.上海：上海交通大学.

宋晓平，崔敏，1998.科学、客观地评价博士学位论文成果的新举措［J］.学位与研究生教育（1）：44-45.

苏娜，王燕春，宋恭华，2011.跨学科工程硕士研究生培养调研分析［J］.化工高等教育，28（5）：1-3.

孙冬梅，李惠媛，2007.关于跨学科培养研究生的分析与思考［J］.高等理科教育（1）：134-136，154.

孙萍，朱桂龙，赵荣举，2001.跨学科研究发展状况评估体系初探［J］.中国科技论坛（1）：35-38.

仝召燕，2009.文科博士生学术水平的影响因素分析：基于H校2008年"学术十杰"获奖者的调查［D］.武汉：华中科技大学.

汪丁丁，叶航，罗卫东，2005.走向统一的社会科学：来自桑塔菲学派的观点［M］.上海：上海世纪出版社.

王慧，2005.中美博士生培养质量保障机制研究［D］.大连：大连理工大学.

王昕，2008.美国研究生教育质量保障体系的研究［D］.大连：大连理工大学.

魏晖，陈宗基，冯秀娟，2000.关于工学博士生质量的分析及思考［J］.北京航空航天大学学报（社会科学版）（3）：51-54.

魏巍，2011."跨学科研究"评价方法与资助对策［D］.合肥：中国科学技术大学.

项蓓丽，2003.跨学科研究：研究生教育亟待解决的问题［J］.广西大学学报（哲学社会科学版），25（1）：95-98.

肖峰，2001.论科学与人文的当代融通［M］.南京：江苏人民出版社.

谢作栩，王蔚虹，2008.我国研究型大学师生对博士质量要素的认识研究［J］.高等教育研究（5）：44-49.

邢媛, 2009. 研究生教育卓越质量管理研究 [D]. 天津: 天津大学.

许长青, 2010. 高校博士生教育质量满意度研究 [J]. 华中师范大学学报 (人文社会科学版) (2): 136-145.

薛二勇, 2009. 论提高博士生培养质量机制的构建 [J]. 教育研究 (5): 88-93.

郇延军, 范柳萍, 张敏, 2007. 我国食品学科博士生培养质量评估研究 [J]. 江南大学学报 (教育科学版) (1): 31-34.

雅诺什·科尔奈, 2006. 社会科学各学科分离还是融合 [J]. 比较 (27).

严新平, 张怀民, 范世东, 等, 2011. 高校博士培养质量提升的策略研究: 基于某重点理工大学的调查与分析 [J]. 研究生教育研究 (4): 25-31.

杨德广, 2001. 高等教育的大众化、多样化和质量保证 [J]. 高等教育研究 (4): 6-9.

姚若河, 2008. 提高博士研究生培养质量的思考与探索 [J]. 大学教育科学 (2): 119-121.

姚顺良, 2007. 在学科分化与整合之间保持必要的张力: 人文社会科学研究中马克思主义范式的批判性反思 [J]. 江西社会科学 (11): 51-57.

殷勤业, 张春, 陈钟顺, 1996. 借鉴美国研究生培养经验、努力提高我国博士生的质量 [J]. 学位与研究生教育 (3): 10-13.

殷晓丽, 王德炳, 沈文钦, 2011. 影响我国临床医学专业博士培养质量的制度因素分析 [J]. 复旦教育论坛 (3): 88-92.

于久霞, 向异之, 刘辉, 2009. 影响我国高等农业院校博士生培养质量的因素及对策 [J]. 华中农业大学学报 (社会科学版) (6): 141-144.

于书洁, 史长丽, 于嘉林, 等, 2008. 基于学科组织创新的博士生培养机制改革探索与实践: 以中国农业大学研究生培养机制改革试点工作为例 [J]. 学位与研究生教育 (3): 70-73.

于书洁, 史长丽, 于嘉林, 等, 2010. 跨学科实验室轮训体系与博士生创新能力培养的改革探索 [J]. 学位与研究生教育 (3): 38-42.

袁本涛, 王孙禺, 赵伟, 2007. 我国研究生教育质量状况综合调研报告 [J]. 中国高等教育 (9): 32-35.

翟亚军, 李素琴, 1999. 对跨学科跨专业研究生培养问题的几点思考 [J]. 河北工业大学成人教育学报 (4): 57-59.

张国栋, 樊琳, 黄欣钰, 等, 2010. 博士生培养质量的自我评估指标体系研究 [J]. 学位与研究生教育 (6): 4-7.

张国栋, 2011. 博士生培养模式各要素与培养质量的关系的实证研究: 以上海

交通大学为例 [J]. 研究生教育研究 (2)：21-24.

张国强, 1997. 博士研究生质量保障体系初探 [J]. 学位与研究生教育 (4).

张辉, 2010. 高校跨学科组织研究生培养机制的创新研究 [D]. 杭州：浙江大学.

张良, 2012. 高校跨学科研究生培养的现状分析与对策探究 [J]. 研究生教育研究 (8)：11-15.

张于贤, 郭旭, 于明, 2009. 一个适于我国交叉学科研究生培养模式的模型及其应用 [J]. 中国管理信息化 (22)：102-104.

赵红蕊, 唐中实, 刘钊, 2010. 跨学科硕士研究生培养若干问题研究 [J]. 测绘科学 (1)：237-238.

赵克, 闫宏秀, 2002. 诺贝尔经济学奖与学科交叉问题探讨 [M]. 上海：复旦大学出版社.

赵立莹, 张晓明, 2009. 美国博士生教育评价：演变趋势及启示 [J]. 高等工程教育研究 (2)：99-102.

赵鹏大, 1996. 加强研究生教育改革 促进多学科交叉复合型人才的培养 [J]. 中国地质教育 (4)：6-9.

中国博士质量分析课题组, 2010. 中国博士质量报告 [M]. 北京：北京大学出版社.

钟钢, 谢赤, 2005. 从两篇"百优"论文多维透视我国会计学博士生的培养质量 [J]. 大学教育科学 (5)：84-86.

周南, 2007. 交叉学科研究的评价原理研究 [J]. 技术与创新管理 (3)：87-91.

周应恒, 耿献辉, 2004. 预答辩制度在博士学位论文质量监控中的作用 [J]. 学位与研究生教育 (3)：38-41.

朱易佳, 2010. 高校跨学科科研评价方法新探 [J]. 现代情报 (2)：15-17.

ANGELO T A, CROSS K P, 1995. Classroom assessment techniques：A handbook for college teachers [M]. San Francisco：Jssey-Bass.

AUGEST P V, SWIFT J M, KELLOGG D Q, et al., 2010. The T assessment tool：A simple metric for assessing multidisciplinary graduate education [J]. Journal of Natural Resources& Life Sciences Education (39).

AUSTIN A E, 2002. Preparing the next generation of faculty：Graduate schools as socialization to the academic career [J]. Joural of Higher Education, 73 (1)：94-122.

BECHER T H, KOGAN M, 1994. Graduate education in Britain [M]. London：

London Jessica Kingsley Publishers Ltd.

BRENNAN J, 1996. Changing conceptions of academic standards [R]. Quality Support Center Higher Education Report.

BRUBACHER J S, RUDY W, 1997. Higher education in transition: A history of American colleges and universities [M]. New Brunswick Transaction Publishers.

C. P. 斯诺, 2003. 两种文化 [M]. 纪树立, 译. 上海: 上海科学技术出版社.

CARLETON W M, 1979. A rhetorical rationale for interdisciplinary graduate study in communication [J]. Communication Education (4).

CARTTER A M, 1996. An assessment of quality in graduate education [J]. Physics Today, 19 (8): 75-76.

COMMITTEE ON FACILITATING INTERDISCIPLINARY RESEARCH, NATIONAL ACADEMY OF SCIENCES, NATIONAL ACADEMY OF ENGINEERING, INSTITUTE OF MEDICINE, 2004. Facilitating interdisciplinary research [R]. America: National Academies Press.

COMMITTEE, 2005. Facilitating interdisciplinary research, national academy of sciences, national academy of engineering, institute of medicine, facilitating interdisciplinary research [M]. NW: National Academies Press.

Education commission of the states. Student learning: Accountability (postsec.) [EB/OL]. http://www.ecs.org/html/issues.asp? issueID=202&subIssueID=137.

FIELD M, LEE R, FIELD M L, 1994. Assessing interdisciplinary learning [J]. New Directions for Teaching and Learning (58): 69-84.

GOLDE C M, DORE T M, 2001. At cross purpses: What the experience of doctoral students reveal about the doctoral education [M]. Philadelphia: Pew Charitable Trusts.

HASENFELD Y, 1979. Models of interdisciplinary programs in social work doctoral education [J]. Journal of Education for Social Work (2).

HAYNES C, 2002. Innovations in interdisciplinary teaching [M]. Westport: Greenwood Press.

Higher learning commission. Commission institute on the assessment of student learning [EB/OL]. http://www.nachigherlearningcmmission.org/download/AssessInstituteOvrvw.pdf.

HOLLEY K, 2009. The challenge of an interdisciplinary curriculum: A cultural analysis of a doctoral-degree program in neuroscience [J]. Higher Education: The

附录

附录 1 关于创新研究院开展跨学科博士生培养的访谈提纲(导师)

尊敬的老师:

您好!

华科大创新研究院于 2009 年以交叉研究团队为依托首次招收跨学科博士生,至今项目已运行超过一个周期。为全面摸底跨学科博士生培养情况并改善创新研究院的工作,特向您了解您对跨学科博士生培养质量及评价的基本看法,感谢您的配合!

1. 您认为跨学科博士生与普通博士生的区别在哪里?结合您的研究方向谈谈您理想中的跨学科博士毕业生应该是什么样的?

2. 您认为跨学科博士生培养质量体现在哪些方面?

3. 您认为哪些因素影响了跨学科博士生的培养质量?请您列举您培养的两个学术能力优秀的跨学科博士生和两个学术能力稍弱的跨学科博士生,谈谈培养的过程和环节对学生成才的影响。

4. 您认为当前培养环节中哪些方面需要加强?

5. 您认为创新研究院可以从哪些方面改善当前的工作?

附录2 关于创新研究院开展跨学科博士生培养的 访谈提纲（学生）

同学：

　　您好！

　　华科大创新研究院于 2009 年以交叉研究团队为依托首次招收跨学科博士生，至今项目已运行超过一个周期。为全面摸底跨学科博士生培养情况并改善创新研究院的工作，特向您了解您对跨学科博士生培养质量及其评价的基本看法，感谢您的配合！

　　1. 您认为跨学科博士生与普通博士生的区别在哪里？

　　2. 您认为跨学科博士生的培养质量体现在哪些方面？哪些因素影响了这些方面的质量？

　　3. 当你成功录取为跨学科博士生时，您对您即将开始的跨学科博士生学习生涯有什么期待？

　　4. 您认为在当前交叉团队中学习最大的收获是什么？遇到了哪些困难？

　　5. 请您谈谈对您完成博士学业最有帮助的三件事情。

附录3 跨学科博士生培养质量评价体系权重设计的利益相关群体调查问卷

通过价值协商的方式，我们已经达成了相对一致的跨学科博士生培养质量评价指标体系。为了确定各个指标的相对重要程度，本书拟采用层次分析法设计各指标的权重。为此，我们设计了如下的权重评价表。

一、操作说明：

1. 表1是跨学科博士生培养质量评价指标体系

表1 跨学科博士生培养质量评价指标体系

维度指标	分类指标（二级指标）	单项指标（观测指标）
自评的结果质量 A1	知识掌握 A11	相关学科知识的掌握
		跨学科知识结构的构建
	跨学科创新能力 A12	跨学科创新意识
		研究方法的整合（人文社科领域跨学科）
		基础知识与应用的整合（工程领域跨学科）
		基于实验的验证的整合（医学领域跨学科）
	独立的跨学科研究能力 A13	能综合相关学科的知识和思想
		能对研究思路的可行性进行严格论证
		能独立处理科研中遇到的困难
	领导力 A14	能带领一个跨学科小组解决一个跨学科问题
		能把握跨学科研究的进度和节点
	团队协作能力 A15	能融入课题组
		能协调好与课题组其他成员完成任务的关系
学术成果 A2	人均发表核心论文数（核心视学科而定）A21	
	省级以上优秀博士论文篇数 A22	

表1(续)

维度指标	分类指标（二级指标）	单项指标（观测指标）
过程质量 A3	招生 A31	跨学科背景
		研究素质
	课程修习 A32	跨学科课程量
		跨学科课程的有用性与相关性
		跨学科课程的基础性与前沿性
	导师指导 A33	导师的指导频率
		导师和导师组的指导能力
		导师的鼓励
	科研训练 A44	课题与跨学科研究项目的关系
		独立负责子课题的经历
		学术会议与学术报告
	学位论文 A35	学位论文与跨学科研究项目的关系
		学位论文环节的执行
学术支持 A4	资源的提供 A41	研究资源的共享
		增加跨学科博士生之间交流的场所
	激励 A42	对跨学科博士生身份的认可
		提供促进跨学科博士生学习的激励政策
	交流机会 A43	与其他相关机构合作的机会
		团队内跨学科博士生之间的交流频率
		与本书方向的其他研究人员的交流频率
	经费资助 A44	资助信息的传达
		资助的连续性与灵活性

2. 将各指标进行两两比较，判断一个指标相对于另一指标的相对重要程度。重要程度可用 1~9 的自然数列表示，如表 2 和表 3 所示。

表 2　层次分析法判断矩阵标度与含义

标度	含义
1	两因素相比，具有同等重要性
3	两因素相比，一因素比另一因素稍微重要
5	两因素相比，一因素比另一因素明显重要

标度	含义
7	两因素相比，一因素比另一因素特别重要
9	两因素相比，一因素比另一因素极端重要
2、4、6、8	上述两相邻判断的中值
倒数	元素 i 与元素 j 相比，重要性标度值为 a_{ij}，则 j 与 i 相比，其标度值为 $a_{ji} = 1/a_{ij}$

表3　示例

	结果质量自评	学术成果	过程质量	学术支持
结果质量自评	1	1/2	1/2	1/2
学术成果	3	1	1	1
过程质量	—	—	1	3
学术支持	—	—	—	1

说明：①相对重要性的比较是左栏列因素与第一行因素的比较。

②对角线以下不用填写。

二、下面是需要您进行比较的一级指标、二级指标和三级指标：

1. 一级指标的比较（如表4所示）

表4　一级指标的比较

	结果质量	学术支持	过程质量	学术支持
结果质量	1			
学术支持	—	1		
过程质量	—	—	1	
学术支持	—	—	—	1

2. 二级指标的比较

（1）"结果质量自评"中二级指标的比较（如表5所示）。

表 5 "结果质量自评"中二级指标的比较

	知识掌握	跨学科创新能力	独立的跨学科研究能力	领导力	解决问题的能力	团队协作能力	学术成果
知识掌握	1						
跨学科创新能力	—	1					
独立的跨学科研究能力	—	—	1				
领导力	—	—	—	1			
解决问题的能力	—	—	—	—	1		
团队协作能力	—	—	—	—	—	1	
学术成果	—	—	—	—	—	—	1

（2）"学术成果"中二级指标的比较（如表 6 所示）。

表 6 "学术成果"中二级指标的比较

	发表论文总数及核心占比	省级以上优秀博士论文篇数
发表论文总数及核心占比	1	
省级以上优秀博士论文篇数	—	1

（3）"过程质量"中二级指标的比较（如表 7 所示）。

表 7 "过程质量"中二级指标的比较

	招生	课程修习	导师指导	科研训练	学位论文
招生	1				
课程修习	—	1			
导师指导	—	—	1		
科研训练	—	—	—	1	
学位论文	—	—	—	—	1

（3）"学术支持"中二级指标的比较（如表 8 所示）。

表 8 "学术支持"中二级指标的比较

	资源的提供	激励	交流的机会	经费资助
资源的提供	1			
激励	—	1		
交流的机会	—	—	1	
经费资助	—	—	—	1

感谢您的参与！

附录4 跨学科博士生培养质量调查问卷

同学：

您好！

华中科技大学以交叉研究团队为依托探索开展跨学科博士生的培养，至今项目已运行超过一个周期。为全面摸底跨学科博士生培养情况并改善学校工作，特向您了解您对跨学科博士生培养质量及培养环节的基本看法，感谢您的配合！

调查对象：隶属交叉团队的跨学科博士生。

填写说明：请在所选项上画"√"或填写相应内容，如无特殊说明，每个问题限选一个答案。

【Ⅰ 基本情况】

1. 您的年级是_____。

（1）博士一年级　　（2）博士二年级　　（3）博士三年级　　（4）博士四年级　　（5）博士五年级

2. 您的本科专业是_____；您的硕士专业是_____。

3. 您现在的研究方向是_____。

4. 就您的研究方向而言，是否需要用到别的学科知识？_____

（1）需要　　（2）不需要

5. 您的年龄是_____岁。

6. 您的性别是_____。

（1）男　　（2）女

7. 您是否接受了创新研究院的资助？_____

（1）是　　（2）否

资助是否具有连续性？_____

（1）是　　（2）否

资助方式是否具有灵活性？_____

（1）是　　（2）否

创新研究院资助的身份是否让您更有动力学习？_____

（1）是　　（2）一般　　（2）否

8. 您的入学方式是_____。

（1）免试推荐　　（2）公开招考　　（3）硕博连读　　（4）直博

9. 您认为跨学科博士生通过哪种方式招生更合理_____。

（1）免试推荐　　（2）公开招考　　（3）硕博连读　　（4）直博

10. 您在读博之前有_____年的工作经历。

11. 请选择您的教育经历（在相应的框内打"√"）。

	本校	本校外的其他"985"院校	"211"院校	科研机构	其他
本科					
硕士					

12. 在您的学术成长中，您的主观能动性是否得到充分发挥？_____

（1）是　　（2）否

您认为影响您主观能动性发挥的主要因素是_____

_____（请填写具体内容）。

【Ⅱ 关于跨学科博士生的培养】

13. 您课程学习时间占整个学习时间的比例约为_____。

（1）10%以下　　（2）10%～<20%　　（3）20%～<30%

（4）30%～<40%　　（5）40%～<50%　　（6）50%及以上

14. 您选修或旁听了_____门跨学科课程。

15. 您认为您学习的跨学科课程量_____。

（1）很小　　（2）较小　　（3）一般　　（4）较大　　（5）很大

16. 您博士期间总共参与了_____项课题研究。

（1）0项　　（2）1项　　（3）2项　　（4）3项及以上

17. 您所参与的课题研究与所在交叉团队研究方向的关系是_____。

（1）毫无关系　　（2）略有关系　　（3）一般　　（4）有密切关系

18. 在参与课题研究的过程中，您有_____次独立负责子项目的经历。

（1）0次　　（2）1次　　（3）2次　　（4）3次及以上

19. 结合自身情况，请在相应的框内选"√"。

项目	非常不符合	比较不符合	一般符合	比较符合	非常符合
我的课程计划与我的研究方向和学科基础相适应					
我所学的跨学科课程能很好地兼顾基础性和前沿性					

项目	非常 不符合	比较 不符合	一般 符合	比较 符合	非常 符合
我的研究所需要的跨学科知识主要从课程中获得					
我所学的跨学科课程十分注重培养我的逻辑思维能力和跨学科学习技巧					
我所承担的课题任务挤压了我的自由学习时间					
我所承担的课题任务对大课题的攻关非常重要					

20. 您博士学习期间参加国际学术会议_____次，国内学术会议_____次。

21. 您公开做过_____次学术报告。

22. 您的相关学科知识和跨学科研究方法主要从_____中获得（可选两项）。

（1）课程　　（2）讲座　　（3）学术会议　　（4）导师

（5）交叉团队其他老师　　（6）非交叉团队的老师

（7）交叉团队博士生　　（8）自学　　（9）其他

23. 您博士论文与交叉团队研究方向的关系是_____。

（1）毫无关系　　（2）略有关系　　（3）一般　　（4）有密切关系

24. 您所在的院系对以下博士培养环节的执行情况（请在相应的框内选"√"）。

项目	很不严格	不太严格	一般	比较严格	很严格
完成学分					
发表文章					
参加学术会议					
学位论文开题报告					
学位论文中期报告					
学位论文预答辩					
学位论文答辩					

【Ⅲ 关于指导老师】

25. 您的导师目前指导的在学博士生有_____名，您认为_____。

（1）太多　（2）适中　（3）太少

26. 您与导师就学术问题平均每月交流_____次。

27. 您接受的是以下哪种指导方式_____。

（1）单一导师制　（2）双导师制（正副导师）　（3）导师与导师组共同指导　（4）其他_____（请注明）

28. 您与交叉团队其他老师的交流情况_____。

（1）基本不交流　（2）极少交流　（3）需要帮助时交流　（4）经常交流

29. 结合自身情况，请在相应的框内选"√"。

项目	非常不符合	比较不符合	一般符合	比较符合	非常符合
我的导师对我十分严格					
当我在研究过程中遇到困难时，我的导师经常鼓励我					
当我在研究过程中遇到困难时，我的导师总会为我提供帮助					
当我在研究过程中遇到困难时，导师组总会为我提供帮助					
在研究过程中，导师总会认真考虑我提出的建议					

【Ⅳ 学术支持】

30. 您与交叉团队其他博士生的交流情况是_____。

（1）基本不交流　（2）极少交流　（3）需要帮助时交流

（4）经常交流

31. 您与研究方向的其他研究人员的交流情况是_____。

（1）基本不交流　（2）极少交流　（3）需要帮助时交流

（4）经常交流

32. 学校或交叉团队是否有促进跨学科博士生之间交流的场所？_____

（1）没有　（2）有，促进交流作用不突出　（3）有，能促进交流

33. 现行的学校或培养团队提供的激励政策是否能促进你的学习（如奖励、跨学科博士生课题基金的设立等）？_____

（1）没有激励效果　　（2）效果一般　　（3）激励效果好

34. 学校或培养团队是否为你提供与其他研究机构或产业界合作的机会？

_____

（1）没有　　（2）有，但覆盖面窄　　（3）有，覆盖面广

35. 结合自身情况，在相应的框内选"√"。

项目	非常不符合	比较不符合	一般符合	比较符合	非常符合
我所在的交叉团队经常举办跨学科的讲座					
当我遇到困难时，我能通过交叉团队寻求帮助					
交叉团队为我提供了共享相关学科实验室的机会和其他研究资源					
我能及时知道创新研究院为跨学科博士生提供资助的信息					
创新研究院为我和其他相关学科研究人员提供了经常交流的机会					
创新研究院举办的各交叉团队轮流讲座的方式对我的研究很有帮助（参加过轮流讲座的同学填此项）					

36. 您对交叉团队的建议是_____

_____

_____。

37. 您对创新研究院的建议是_____

_____

_____。

【Ⅴ 自我评价】

38. 结合自身情况，请在相应的框内选"√"。

项目	非常不符合	比较不符合	一般符合	比较符合	非常符合
我有意识从多学科的视角分析和思考一个学术问题					

项目	非常 不符合	比较 不符合	一般 符合	比较 符合	非常 符合
我有能力构建与我的研究方向相适应的知识结构					
我对至少一门相关学科的知识和研究方法十分熟悉					
我有能力运用不同的学科思维对同一个问题进行思考和分析（"理工交叉"填此项）					
我对将相关学科的最新研究成果借鉴到我的研究方向保持敏感性（"理医交叉"填此项）					
我能娴熟地运用相关学科的研究方法指导我的研究（"社科交叉"填此项）					
我有能力综合各学科的知识和思想，并能对研究思路的可行性进行严格论证					
我的研究对所在课题的攻关具有很大的价值和贡献					
我能独立面对和处理在科研过程中遇到的困难					
在进行跨学科研究时，我能够把握科研的进度和节点					
我能很好地融入课题组					
在课题研究的过程中，我能协调好我的子课题与课题组其他成员完成子课题间的关系					
我有能力独立负责并领导一个小组完成跨学科科研任务					
我有强烈的使命感和责任感